한국음식의 첫걸음

백종온 · 박경태

도서출판 석학당
www.shdbooks.co.kr

머리말

한국음식은 우리 민족의 생활환경 속에서 형성되어 우리의 전통문화와 함께 발전해온 한국인 고유의 음식으로 계승 발전시킴과 동시에 과학적이고 체계적인 교육을 필요로 하고 있으며, 최근 한식세계화를 통해 국내와 국외까지도 한국음식을 홍보하고 상품화하여 판매할 수 있도록 각계각층에서 많은 노력을 기울이고 있습니다.

따라서 본서의 구성은 이론부분에서 우리나라의 음식문화를 이해하고자 한국음식의 특징, 종류, 상차림, 절식과 시식, 향토음식, 식사예절 등 이론에 대한 내용을 이해하기 쉽게 수록하였고, 실기편에서는 한식조리기능사를 취득하고자 하는 수험생을 위하여 한국산업인력관리공단의 검정기준에 맞추어 독자의 자기주도적인 학습이 가능하도록 조리과정의 사진을 실어 이해하기 쉽게 내용을 구성하였습니다.

또한 본서는 대학에서 한식조리를 교육하고 있는 저자들의 현장교육 및 강의경험을 바탕으로 자격증 취득에 부족함이 없도록 필요한 이론을 정리하여 수록하였으며, 실기 시험문제의 출제 요구사항과 수검자 유의사항에 따라 정해진 시간에 작품을 완성할 수 있도록 체계적으로 구성하였습니다.

본서가 한국음식을 공부하는 분들과 한식기능사 자격을 취득하고자 하는 수험생들에게 전문조리사로서 이론과 실기의 조리기능을 습득하는데 도움이 되기를 바랍니다.

집필자들이 의욕을 가지고 열정으로 집필하였으나 미흡한 부분은 계속 수정 및 보완해 알찬 교재로 거듭날 것을 약속드립니다.

끝으로 본서가 출판되기까지 도움과 격려를 아끼지 않았던 가족과 바쁜 일정 속에서도 훌륭한 교재로 완성시켜주신 도서출판 석학당 윤용호 사장님과 임직원 그리고 도와주신 여러분께 마음을 담아 깊은 감사드립니다.

2012년 1월
저자일동

차례 (Contents)

제 1 장 한국음식의 첫걸음

제 2 장 조리위생

제 3 장 한국음식의 조리기술

제 4 장 한국음식 조리 실습

제 1 장

한국음식의 첫걸음

1. 한국의 음식문화
2. 한국음식의 특징
3. 한국음식의 종류
4. 한국음식의 상차림
5. 한국의 절식과 시식
6. 향토음식
7. 한국음식의 식사예절

1. 한국의 음식문화

우리나라는 아시아 주 동부에 위치한 반도로서, 삼면이 모두 바다이기 때문에 해양 문화가 일찍이 발달하였으며, 전 국토의 70%이상이 산으로 되어 있다.

우리나라의 기후는 냉온대 기후에 속하며, 겨울에는 한랭 건조한 한대성 기후와 여름에는 고온 다습한 열대성 기후로 사계절이 뚜렷하고 기온과 습도가 적절하기 때문에 곡류, 육류, 어류, 채소류가 매우 다양하게 생산되고 이에 따른 저장법이 발달하였으며 이로 인해 김치, 장류, 젓갈 같은 발효식품이 발달하였다.

한국의 자연 지리학적 조건은 지형과 기후 때문에 한강을 중심으로 문화권을 양분하여 남북으로 구분해 볼 수 있고 또한 셋으로 구분하면 북, 중, 남의 문화권으로 구분할 수 있다. 그리고 백두대간을 중심하여 태백준령을 좌우로 양분할 수도 있다. 북부와 동부는 높은 산맥이 많아 주로 밭농사를 많이 하고 남부와 서부는 낮은 평지로 되어있어 쌀농사를 주로 한다.

이러한 지리학적 조건 속에서 오랜 생활을 영위하면서 다양한 생활 습성을 형성했음은 물론 그에 못지않은 다양한 식품 조리의 방법 및 저장할 수 있는 식품의 종류를 개발하고 끊임없이 전승하여야 한다.

우리나라 음식의 역사는 조선 500년에 걸친 궁중음식을 근간으로 하는 왕실의 권문, 반가의 화려한음식, 일반인들의 서민음식, 그리고 각 지역의 특산물을 이용한 향토음식 등의 음식문화를 가지고 있다.

또한 유교사상의 영향으로 유교 의례를 중히 여겨서 통과의례(通過儀禮)에 따라 잔치나 제례음식의 차림새가 정해졌으며, 사계절에 나는 식품으로 음식을 만들어 먹는 시식(時食)과 명절에 그 의미에 맞게끔 해먹는 절식(節食)이 발달되어 있다.

이러한 내용과 함께 한국음식의 특징과 한국음식의 종류, 상차림의 종류, 통과의례의 상차림, 절식과 시식, 향토음식, 식사예절에 대해 알아보면 다음과 같다.

2. 한국음식의 특징

① 곡물을 이용한 조리법이 다양하게 발달 하였다.

② 곡류중심의 식생활로 인해 주식과 부식이 확연히 구분된다.

③ 구이, 조림, 볶음, 전, 생채, 숙채, 젓갈, 장아찌 등 조리방법이 다양하다.

④ 장류, 김치, 젓갈과 장은 발효음식을 많이 먹는다.

⑤ 음식재료는 잘게 자르거나 다지는 등의 방법을 사용하여 조리한다.

⑥ 향신료, 조미료, 고명을 이용하며 섬세하다.

⑦ 약식동원(藥食同源)의 조리법이 우수하다.

⑧ 유교의 영향으로 상차림이나 식사예절이 엄격하다.

⑨ 명절식(名節食) 시식(時食)의 풍습이 있다.

⑩ 우리나라 식사는 준비된 음식을 모두 한 상에 차려놓고 먹는다.

⑪ 궁중음식과 반가음식, 서민음식을 비롯하여 향토음식의 조리법이 발달되었다.

3. 한국음식의 종류

1) 주식류

❖ 밥

밥은 우리음식의 대표적인 주식으로 우리 선조들은 무쇠 솥이나 곱돌솥, 놋쇠솥, 오지밥솥 등으로 은근히 뜸을 들이고, 또 누룽지가 생겨 고소한 맛이 밥 속으로 스며들도록 조리했다.

주로 흰밥을 많이 먹지만, 그 외 보리, 찹쌀, 조, 콩, 팥, 수수, 밤, 녹두 등을 섞어 잡곡밥을 만들기도 한다. 또 밥 위에 다양한 채소나 육류를 얹어 조리한 비빔밥과 각종 채소류나 버섯, 해산물 등을 섞어 지은 밥도 있다. 밥은 주로 '사발'(혹은 주발)에 담아서 먹었는데, 같은 방법으로 조리하였다고 해도 먹는 사람의 신분에 따라 하층민은 끼니, 일반 백성은 밥, 양반은 진지, 왕은 수라라고 불렀다.

▼ 오곡밥

잣죽

편수

애탕

죽 · 미음 · 응이

죽, 미음, 응이는 모두 곡물로 만드는 유동식이다.

죽은 곡물의 5~8배의 물을 부어 오랫동안 가열 하므로 완전히 호화되어 부드럽게 된 상태로 주식으로서 뿐만이 아니라 노인, 유아, 환자의 보양식으로 많이 쓰이며 재료에 따라 흰죽, 두태죽, 장국죽, 어패류 죽, 비단죽 등이 있다.

쌀 분량의 10배의 물을 넣어 끓인 미음과 녹두, 갈근, 연근 등의 녹말을 물에 풀어 멍울이 지지 않게 저어가며 투명하게 끓인 응이가 있다.

특히, 암죽은 모유가 부족할 때 아기를 키우던 대용식으로 이유식을 겸한 음식이다.

면과 만두

주식인 밥의 대용식이 되었던 식품으로 면과 만두를 들 수 있다. 국수는 잔치 때 손님 접대용으로 특별상으로 차려졌다. 국수의 종류는 곡물이나 전분재료에 따라 밀국수, 메밀국수, 녹말국수, 칡국수 등이 있다. 만두는 계절에 따라, 겨울에는 메밀로 만든 생치만두, 김치만두, 봄에는 준치만두, 여름에는 편수, 규아상 등을 먹는다. 또 정초에는 절식인 흰 떡국, 조랭이떡국, 생떡국 등도 만들어 먹었다.

2) 부식류

국

국은 거의 빠지지 않고 끼니때마다 밥상에 오르는 기본적인 부식류로 국에 이용되는 재료는 육류, 어패류, 채소류, 해조류 등 다양한 재료를 이용해 만든다. 국의 종류는 크게 맑은 장국, 토장국, 곰국, 냉국으로 나눌 수 있다.

- 맑은장국 : 물이나 양지머리 국물에 여러 가지 건더기를 넣고 맑은 집 간장으로 간을 맞추어 끓인 국이다.

▶ 토장국 : 쌀뜨물에 여러 가지 건더기를 넣고 된장으로 간을 맞추어 끓인 국이다.

▶ 곰국 : 소고기의 여러 부위를 푹 고아 소금으로 간을 맞춘 국이다.

▶ 냉국 : 끓여서 차게 식힌 물에 맑은 집 간장으로 간을 맞추어, 날로 먹을 수 있는 건더기를 넣어 차게 해서 먹는 국이다.

❖ 조치

국에 비해서 건더기가 많고 국물을 적게 조리한 음식으로 조치란 궁중에서 찌개를 일컫는 말이고, 감정은 고추장으로 조미한 찌개를 말한다. 재료에 따라 생선찌개, 두부찌개, 젓국찌개 등으로 나눈다. 또 간을 한 식품에 따라 고추장찌개, 된장찌개, 맑은 찌개로 나누어지며 찌개는 밥상차림의 필수 음식으로 돌 냄비, 뚝배기에 끓인 찌개가 별미이다.

❖ 전골

육류와 채소를 밑간하고 여러 가지 재료 등을 전골틀에 올려놓고 색을 맞추어 담고 육수에 간을 하면서 즉석에서 끓여 먹는 국물요리를 말한다. 전골은 반상이나 주안상에 곁상으로 따라 나가는 중요한 음식이며, 전골의 종류에는 신선로, 소고기전골, 생선전골, 낙지전골, 두부전골, 각색전골 등이 있다.

❖ 찜 · 선

찜은 육류, 채소류를 국물과 함께 끓여서 익히는 것과 생선, 새우, 조개 등을 주재료로 하고 채소, 버섯, 달걀 등을 부재로 하여 증기를 올려서 찌거나 중탕으로 익히기도 하고 즙이 남을 정도로 삶아서 익히는 방법도 있다.

선은 흰 살생선, 호박, 오이, 가지, 배추, 두부 등 식물성식품에 소를 넣고 찌는 요리이다. 녹말을 씌워 찐 것이 대부분이므로 식품 본래의 맛을 즐길 수 있다.

▼ 조기찌개

▼ 신선로

▼ 대하찜

▼ 전복찜

홍합초

각색전

화양적

우족편

조림과 초(炒)

조림은 반상에 오르는 반찬거리로 육류, 어패류, 채소류로 만든다. 일반적으로 담백한 맛을 내는 흰살 생선은 간장으로 조리고, 붉은살 생선이나 비린내가 많이 나는 생선류는 고춧가루, 생강, 후춧가루, 고추장, 술을 넣어 비린 냄새가 없게 조린다.

초(炒)는 원래 볶는다는 뜻이 있으나 우리나라 조리법에서는 조림처럼 조리다가 나중에 녹말을 풀어 넣어 국물이 엉기게하며 간은 세지 않고 달게 한다. 종류에는 전복초, 해삼초, 홍합초, 마른조갯살초 등이 있다.

전유어

전유어(煎油魚)는 육류, 어패류, 채소류 등의 재료를 얇게 저미거나 다져서 반대기를 지어 달걀을 씌워 기름을 두르고 지지는 조리법으로, 전유화(煎油花), 전유아, 전냐, 전야, 전 등으로 부른다.

구이 · 적

가장기본적인 가열조리방법으로는 직접 불에 닿게 굽는 직접구이와 간접구이가 있으며, 조리법에 따라 소금구이, 간장구이, 양념고추장구이, 초구이, 기름구이 등이 있다. 구이는 주로 육류와 어패류가 주재료이며 야채는 부재료로 쓰이는 경우가 많다.

적은 여러 가지 재료를 썰어서 갖은 양념을 한 다음, 꼬챙이에 꿰어서 양념장을 발라가며 구운 음식을 말하는 것으로 조리방법에 따라 산적과 누르미로 나뉜다. 산적은 날 재료를 양념하여 꼬챙이에 끼워구운 음식이며, 누름적은 채소, 고기 등을 양념하여 꼬챙이에 색을 맞추어 꿰고 밀가루, 달걀을 씌워 번철에 전을 부치듯이 지진 음식이다.

편육 · 족편

고기를 덩어리째로 삶은 것이 수육이고, 수육을 베 보자기에 싸서 무거운 것으로 누른 다음 얇게 저며 썬 것을 편육이라 하며, 양념장이나 새우젓국을 찍어 먹는다. 종류로는 양지머리편육, 사태편육, 제육편육 등이 있다.

족편은 소의 족, 가죽, 꼬리 등 육류의 질긴 부위를 물을 부어 오래 끓이면 젤라틴 성분이 녹아 죽처럼 되며 석이, 알고명, 실고추등으로 고명을 넣어 응고시켜 만든다.

나물 · 생채 · 쌈

나물은 가장 기본적인 반찬으로 조리법에 따라 채소를 데쳐서 무친 것과 기름에 볶으면서 양념한 것이 있다. 나물의 조미는 참기름과 깨소금을 비교적 넉넉히 넣고 무쳐야 부드럽고 맛이 있다.

생채는 채소를 생으로 먹는 반찬류로 날것을 소금에 약간 절이거나 그대로 썰어 초간장, 초고추장, 겨자즙 등에 무쳐 먹는다. 생채의 재료는 무, 배추, 상추, 오이, 미나리, 더덕, 산나물 등으로 날로 먹을 수 있는 채소들이다.

쌈은 상추, 배춧잎, 취, 호박잎, 깻잎, 김 또는 생미역 등으로 밥을 싸서 먹는 것을 말하며 날로 먹는 것과 데쳐서 먹는 것 등이 있다.

회 · 강회

회는 육류, 어패류, 채소류 등을 날 것으로 먹게 만든 요리로, 대체로 가늘게 썰어 초고추장, 겨자장 또는 소금, 후추에 찍어 먹는 음식으로 조리법에 따라 생회와 숙회가 있다.

강회는 실파, 미나리를 데쳐서 달걀지단, 편육, 홍고추, 버섯 등을 가늘게 썰어 실파, 미나리로 예쁘게 말아 초고추장에 찍어 먹는 음식이다.

튀각 · 부각 · 포

튀각은 다시마, 참죽나무잎, 호두 등을 기름에 바싹 튀긴 것이고, 부각은 재료를 그대로 말리거나 찹쌀풀이나 밀가루 풀을 입혀 바싹하게 말렸다가 튀겨서 먹는 밑반찬으로 식물성 지방을 가장 많이 섭취할 수 있는 음식이다. 재료로는 감자, 고추, 깻잎, 김, 참죽나무잎 등이 있다.

포는 고기를 말린 육포와 생선을 말린 어포가 있다. 육포는 주로 소고기를

▼ 죽순채

▼ 월과채

▼ 미나리강회

▼ 육포

마늘장아찌 ▼

김치 ▼

간장으로 조미하여 말리고, 생선을 통째로 말리거나 살을 떠서 대개 소금으로 조미하여 말린다.

장아찌 · 젓갈

장아찌는 무, 오이, 더덕, 감 등 여러 가지 야채를 된장, 막장, 고추장, 간장 등에 넣어 저장하며 장에 넣을 때에는 채소를 절이거나 말려서 수분을 뺀 후 넣어야 무르거나 맛이 변하지 않는다.

이밖에 갑장과처럼 즉석에서 만드는 방법도 있다.

젓갈은 주로 어패류를 소금에 절여 염장하여 만들며 어패류의 단백질 성분이 분해되면서 특유한 향과 감칠맛을 낸다. 담그는 방법은 소금에 절인 것, 소금과 술에 절인 것 , 기름과 천초 등을 넣어 향을 섞어서 담근 것 등이 있으며, 김장 김치에 양념으로 없어서는 안 될 재료이다.

김치

김치는 채소류를 소금에 절이고, 고추, 파, 마늘, 생강, 젓갈 등을 넣어 버무려 익힌 저장 발효 음식으로 부식류에서 가장 기본적인 반찬이며, 국제적으로도 널리 알려진 한국인의 음식이다. 김치는 식물성과 동물성 식품이 조화된 발효음식으로, 채소가 부족한 시기에 비타민과 유기산, 칼슘을 공급해 주는 필수적인 저장 식품이다.

4. 한국의 전통 상차림

1) 일상의 상차림

우리나라 일상 음식의 상차림은 전통적으로 외상이 기본이다. 음식상은 차려지는 상의 주식에 따라 밥과 반찬을 주로 한 반상을 비롯하여 죽과 찬을 차리는 죽상, 국수 · 만두 · 떡국을 차리는 면상, 술과 안주를 차리는 주안상, 다과를 차리는 다과상, 손님을 접대하는 교자상으로 나눌 수 있다.

우리나라 음식은 한상에 모든 음식을 차려 내는 것이 특징이며, 상의형태는 네모지거나 둥근 것을 썼다. 그리고 반드시 음식이 놓이는 위치가 정해져 있으며 먹는 예절을 중요시한다.

❖ 반상

밥, 국(탕), 김치를 기본으로 차려진 상차림으로 임금님에게는 수라상, 어른에게는 진짓상, 어린사람에게는 밥상이라 하였다. 반상은 반찬의 수에 따라 첩 수가 증가되는데 첩이란 밥, 국(탕), 김치, 조치(찌개), 장(간장, 초간장, 초고추장) 등을 제외한 반찬의 가짓수를 말한다.

반상은 3첩, 5첩, 7첩, 9첩, 12첩으로 나눠진다. 3첩 반상은 주로 서민들의 상차림이고, 5첩 반상은 여유 있는 서민층의 상차림, 7첩, 9첩은 반가의 상차림이고, 12첩은 임금님만 드실 수 있는 수라상차림이다.

◈ 첩수에 따른 반상차림 구성표

구분	기본음식							첩수에 들어가는 음식										
	밥	국	김치	장류	찌개	전골	찜	나물		구이	조림	전	장아찌	마른찬	젓갈	회	편육	수란
								생채	숙채									
3첩	1	1	1	1				택 1		택 1			택 1					
5첩	1	1	2	2	1			택 1		1	1	1	택 1					
7첩	1	1	2	3	택 1		1	1	1	1	1	1	택 1			택 1		
9첩	1	1	2	3	1	1	1	1	1	1	1	1	1	1	1	택 1		
12첩	1	1	2	3	1	1	1	1	1	1	1	1	1	1	1	1	1	1

▼ 9첩 반상

▼ 5첩 반상

❖ 면상

밥 대신 면, 만두, 떡국으로 차려진 점심 또는 간단한 식사로 반가 또는 민가의 경사 때나 결혼식에서 손님 접대 상에 많이 이용한다. 전유어, 잡채, 배추김치, 나박김치 등을 반찬으로 함께 상에 올린다.

❖ 교자상

명절이나 잔치 등의 경사가 있을 때 장방형의 큰상 또는 대원반에 여러 사람이 함께 둘러앉아 먹을 수 있게 음식을 차린 상으로 주식은 떡국, 만두, 온면, 냉면 중 계절에 맞게 차리고 탕, 찜, 전유어, 편육, 회, 적, 잡채, 구절판, 신선로 등을 반찬으로 올린다. 배추김치, 오이소박이, 나박김치, 장김치 중 두 가지쯤 상에 올린다.

칠절판 ▼

❖ 주안상

술을 대접하기 위해 차린 상으로 술과 함께 먼저 포나 마른안주를 낸 다음 전골, 찌개, 전유어, 회, 편육, 김치 등을 술안주로 함께 올린다.

마른안주 ▼

❖ 다과상

다과가 중심인 상차림으로, 증편이나 단자 등의 떡 종류와 약식,정과, 약과, 강정류, 다식, 생과일, 화채, 더운 차 등을 차려 후식으로 즐긴다.

다식 ▼

2) 통과의례의 상차림

사람이 태어나서 죽을 때까지 거치는 중요한 행사, 즉 출생, 삼칠일, 백일, 돌, 관례, 혼례, 회갑, 회혼례, 상례, 제례 등이 있는데, 이러한 의식을 통과의례(通過儀禮)라 한다. 우리나라에서는 예로부터 이런 날은 특별한 상차림을 하여 그 날의 의미를 되새기고 있다.

출생

아기가 태어나면 흰쌀밥과 미역국을 끓여 밥 세 그릇과 국 세 그릇을 상(床)에 받쳐 삼신께 아기의 탄생과 순산을 감사하는 삼신상(三神床)을 준비한다. 산모에게는 흰밥과 미역국으로 첫국밥을 대접하고, 첫국밥에 쓸 미역은 장곽(長藿)을 사는데 이것은 장수기원의 뜻에서 형성 관례이다. 출생과 동시에 대문에는 남녀의 성별에 따라 금줄을 쳐서 출산을 알리고 외인의 출입을 금한다.

삼칠일

아기가 태어 난지 21일째 되는 날로 대문에 걸었던 금줄을 떼고 흰쌀밥에 고기를 넣고 끓인 미역국과 백설기를 쪄서 삼칠일을 축하한다. 백설기는 대문 밖에 내보내지 않고 집안에서 가족과 가까운 친지 사이에서만 모여 나눠 먹는다.

백일

아기가 출생한 날로부터 100일째 되는 날에 백일잔치를 하면 아기가 장수하고 부귀영화를 누린다고 한다. 100이라는 숫자는 큰 수, 많은 수, 완전수를 뜻한다. 백일 날에는 백설기를 찌고 붉은색의 팥고물을 묻힌 찰수수경단과 오색(五色)의 송편을 빚고, 흰밥, 고기미역국, 푸른색의 나물을 중심으로 장만하여 친지, 마을 사람들이 모여 축하한다.

돌상

아기가 태어나서 만 1년이 되는 날을 돌이라고 하는데, 아기의 장수, 자손의 번성, 다재다복의 의미를 담아 돌상에 음식과 물건을 차린다. 원형의 돌상에는 새로 마련한 밥그릇과 국그릇에 흰밥과 미역국을 담고, 푸른나물, 백설기, 인절미, 오색송편, 붉은팥 차수수경단, 생과일, 쌀, 국수, 대추, 흰 무명실, 돈 등을 놓고, 남자아이에게는 칼, 화살, 책, 종이, 붓을, 여자아이에게는 실, 바늘, 가위, 자 등을 놓았다. 원형의 상은 원만하게 살라는 의미가 담

▼ 돌상

겨져 있고, 돌잡이에 따라 무명실과 국수는 장수, 쌀은 먹을 복, 대추는 자손 번영, 종이 · 붓 · 책은 학문, 활은 용감과 무술, 자와 청실 · 홍실은 바느질을 의미하는 것으로 해석하였다.

❖ 관례

성인이 되었음을 나타나기 위해 만 15세가 되면 남자는 상투를 틀어 갓을 쓰고, 여자는 쪽을 찌는 성년식이다. 술을 비롯한 안주용 음식과 국수장국, 떡, 조과, 생과, 식혜, 수정과 등이 올려 진다.

❖ 혼례

혼례상 ▼

남녀가 부부관계를 맺는 서약을 하는 의식으로 혼례음식 및 상차림에는 신랑 집에서 함을 보내 신부 집에서 받을 때 신부 집에서는 찹쌀 3되와 붉은 팥 1되, 대추를 이용하여 봉치 떡을 준비하는데, 찹쌀은 찹쌀의 쫀득함처럼 부부 금실이 좋기를, 붉은 팥 고물은 화를 피하기를, 7개의 대추는 아들 7형제를 상징하는 것이다. 혼례를 치르고 신부가 시부모와 시댁의 어른들에게 처음 인사를 드리는 폐백에 쓰이는 음식으로는 대추와 소고기편포로 지방마다 차이가 있다. 서울에서는 편포나 육포, 밤, 대추, 엿, 술을, 전라도에서는 대추와 꿩을, 경상도에서는 대추와 닭을 준비한다.

❖ 상례

사람이 운명하시면 예를 갖추어 장례를 지내게 되는 동안에 지키는 의례 절차이다.

장례 전에 영좌 앞에 간단한 음식을 차려 놓는 예식을 전(奠)이라하여 술과 과일을 올린다.

조석상식(朝夕上食)이라 하여 산사람의 밥상처럼 밥, 국, 김치, 나물, 구이, 조림 등을 올린다.

❖ 제사

죽은 조상을 추모하여 지내는 의식절차로 조상이 돌아가신 날 기제(忌祭)를 지내고 정월 초하루와 추석에는 차례를 지낸다. 제사 음식은 상차림에 있어서 가정의 전통과 범절에 따라 차이가 있지만, 화려한 색과 심한 냄새(비린내 등)는 금기로 여겨 사용하지 않으며 같은 종류의 음식을 짝을 맞추지 않는다고 해서 홀수로 만들며, 좌포우혜(포가 왼쪽, 식혜가 오른쪽), 어동육서(생선이 동쪽, 육류가 서쪽), 두동미서(생선머리가 동쪽, 꼬리가 서쪽), 조율시이(왼쪽부터 대추, 밤, 감, 배의 순서로), 홍동백서(붉은 과일이 동쪽, 흰색 과일이 서쪽)의 젯상 진설 원칙이 지켜지고 있다.

5. 한국의 절식과 시식

우리나라는 4계절이 뚜렷하여 예로부터 계절별 기후 변화에 따른 농경생활이 위주였기 때문에 세시풍속이 발달하였다. 세시풍속은 농사의 풍농을 예축 · 기원 · 감사하는 의례였으며, 인간 삶과 직결되어 복(福)을 비는 의례였다. 세시풍속에는 특히 계절식품을 이용하여 음식을 만들어 먹는 풍속이 있었는데, 명절 때 먹는 음식인 절식(節食)과 계절의 신선한 재료로 만들어 먹는 음식인 시식(時食)이 있다. 절식과 시식은 각 계절의 식품을 이용하여 음식을 만들어 먹음으로써 재앙을 예방하고, 몸을 보양하며, 조상을 숭배하고자 하였다.

❖ 설날

1년의 첫날인 설날은 원단(元旦), 세수(歲首), 연수(年首)라하며 일년의 시작이라는 뜻이다. 설의 참뜻은 '삼가하다', '설다', '선다', 등으로 근신하여 경거망동을 삼가 한다는 뜻이 내재하고 있는 것 같다. 설날에 차례를 지내고 손님을 대접하기 위해 준비하는 음식을 '설음식' 또는 세찬(歲饌)이라 한다. 설음식인 세찬에는 떡국, 갈비찜, 전유어, 한과, 과일 등으로 상차림 한다. 설날에 흰 떡국을 끓여 먹는 것은 새해의 첫날이므로 밝음의 표시로 흰색의 떡을 사용하고, 떡국 떡을 둥글게 하는 것은 태양의 둥근 것을 상형한 것이라고 할 수 있다. 지방에 따라 여러 가지 종류의 떡국이 있는데, 개성 지방은 가래떡을 가늘게 비벼 나무칼로 누에고치 모양으로 만든 조랭이 떡국을 먹고, 충청도 지방은 쌀가루를 반죽해 가래떡처럼 길게 늘여 끓이는 생떡국을 먹으며, 떡국 대신 만두국을 먹거나 떡국에 만두를 넣어서 먹는 것은 북쪽지방의 풍습이다.

❖ 정월대보름

새해 들어 첫 번째 맞이하는 보름으로 음력 1월 15일은 달이 가득찬 날이라 하여 재앙과 액을 막는 날로 알려져 있다. 정원대보름에는 오곡밥, 묵은 나물, 약식, 부럼, 귀밝이술 등을 만들어 먹는다.

❖ 중화절

한해의 농사가 시작되는 날인 음력 2월 초하루를 중화절 또는 노비일, 머슴날 등으로 불렀다. 이날은 대보름날에 마당에 세워 놓은 낟가릿대를 헐어 그 곡식으로 큰 송편을 빚어 농사일에 수고할 일꾼들에게 나누어 먹였다는 풍습이 있다.

❖ 삼짇날

3월 초사흗날을 삼짇날이라고도 하며, 강남 갔던 제비가 옛집을 찾아온다고 하여 중삼(重三)이라고도 한다. 이날은 양(陽)이 겹치는 봄날의 시작으로 꽃놀이를 하고 농사가 잘 되기를 기원하는 뜻에서 화전과 수면을 만들어 먹었다.

❖ 한식

동지 후 105일째 되는 날로 이날은 조상의 묘에 성묘를 한다. 또 이날은 불을 쓰지 않으므로 찬 음식을 먹는다.

❖ 단오

5월 초닷새를 수리 · 천중절(天中節) · 수릿날이라고 불린다. 이날은 1년 농사가 잘 되기를 기원하고 조상에게 쑥떡으로 차례를 지낸다. 단오는 일년 중 양기(陽氣)가 가장 왕성한 날이라고 해서 큰 명절로 여겨왔으며, 수리취 절편을 만들어 먹으며 내의원(內醫院)에서는 제호탕(醍醐湯)을 만들어 진상했다.

❖ 유두

음력 6월 보름을 유두날이라고 한다. 유두는 양기가 왕성한 동쪽의 시냇물에서 머리를 감는다는 동류두목욕(東流頭沐浴)에서 온 말이다. 유두날에는 동쪽의 강물에 머리를 감고 물을 맞으면 상서롭지 못한 것을 좇고 여름에 더위를 먹지 않는다고 믿었다. 이때에는 수단(水團)이나 유두면(流頭麵)을 만들어 먹었다.

❖ 삼복

하지 후 3번째 경일(庚日)이 초복(初伏), 4번째 경일(庚日)이 중복(中伏), 입추 지난 후 1번째 경일(庚日)이 말복(末伏)인데 이때가 가장 더운 한 달간으로 그해 더위의 극치를 이루는 때이다. 복날은 양기(陽氣)에 눌려 음기(陰氣)가 엎드려 있는 날이라 하여 더위를 잘 이기고 몸을 보호하기 위해 개장국, 삼계탕 등을 먹는다.

❖ 칠석

음력 7월 7일을 칠석이라 한다. 이날은 오작교에서 견우와 직녀가 만난다는 전설이 전해지는 날로 비가 오는 것으로 알고 있고, 또 비가 오면 농사가 잘 된다고 하며, 음식으로는 밀전병과 밀국수를 만들어 먹는다.

추석

추석은 음력 8월 15일로 한가위 · 중추절(仲秋節)라고도 하는데, 추수한 햇곡식으로 햅쌀밥을 짓고 송편을 빚으며 햇과일 등으로 조상에게 차례를 지내고 성묘를 한다. 또 토란탕도 추석의 대표적인 음식이다.

중량절

음력 9월9일을 중구절(重九節) 또는 중기라 하며, 이날은 제비가 강남으로 돌아가는 날이라고도 한다. 가을이 깊어가는 계절로 국화주를 마시고 국화전을 먹으며 즐기는 풍습이 있다.

상달

10월을 상달(上月)이라 부르며 한 해 농사를 추수하고 햇곡식으로 제상을 차려 감사하였다.

10월 상달이 되면 길일을 택해서 성주에게 제사를 지내며 가족의 평안을 기원했다.

동지

동지는 일 년 중 밤이 가장 길고 낮이 가장 짧은 날로 작은 설이라고 하였다. 동지부터 낮이 길어지기 때문에 고대인들은 태양이 죽음으로부터 부활한다고 여기고 축제를 벌여 태양신에 대한 제사를 올렸다. 동지 날에는 동지팥죽을 쑤어 먹는데 한 살을 더 먹는다고 해서 자신의 나이 수대로 찹쌀 새알심을 넣어 만든 동지팥죽을 먹는 풍습이 있다.

❖ 섣달그믐

섣달 그믐날은 일 년의 마지막 날로 제석(除夕) 또는 작은설이라 하여 새해 준비와 지난 한 해의 끝맺음을 하는 날로서 조상의 산소에 성묘도 하고 집안어른과 일가를 찾아 묵은세배를 하였다. 민간에서는 이날을 잠을 자면 눈썹이 센다고 하여 잡귀가 못 오게 밤새도록 불을 켜 두고 윷놀이를 하며 밤을 새운다. 섣달그믐 날은 먹던 음식과 바느질하던 것을 다 끝내야 하는 풍습이 있었다.

6. 향토음식

향토음식은 그 지방에서 생산되는 특산재료를 그 지방의 조리법으로 조리하여 과거로부터 현재까지 그 지방의 사람들이 먹고 있는 그 지방만의 특유한 음식으로 지역의 생활형태, 자연 환경 등 지역적인 특성이 반영된 특유의 조리법이나 가공저장법을 이용하여 발전시킨 음식이다. 지역마다 자연적 · 기후적 특성이 달라 북쪽으로 갈수록 간이 싱겁고 매운맛도 덜하고 담백하며 음식의 종류는 많지 않고 크기도 큼직하고, 양이 푸짐한 특성이 있는 반면, 남쪽으로 갈수록 음식의 간과 매운맛이 강하고, 조미료와 젓갈을 많이 사용하며 여러 가지 음식을 조금씩 만드는 특징이 있다.

❖ 서울 음식

왕족과 양반계급이 많이 살았기 때문에 서울음식은 궁중음식을 많이 닮았으며, 의례적인 격식과 맵시를 중요하게 여겼다. 서울에서 자체로 생산되는 음식재료는 거의 없었기 때문에 전국에서 재료들이 모여 그 재료들을 이용한 음식들이 발달하였으며 음식의 크기가 작고 모양은 예쁘게 멋을 내며 가짓수가 많다. 서울 · 개성 · 전주지방의 음식들이 가장 화려하고 다양하다고

▼ 서울 탕평채

한다. 또 양념들은 곱게 다져 쓰며, 맛은 짜지도 맵지도 않은 중간 정도의 간을 지닌다.

대표음식으로는 장국밥, 육개장, 설렁탕, 꼬리곰탕, 임자수탕, 탕평채, 너비아니구이, 닭찜, 갈비찜, 신선로, 구절판, 두텁떡, 화전, 약식, 식혜, 통배추김치, 나박김치 등이 있다.

경기도 음식

옛 서울 개성을 포함하고 있으며, 서해안의 해물과 산골의 산채에 밭곡식이 고루 생산되어 음식이 다양하다. 고려 때 솜씨가 남아 있어 전통 음식이 많으며 개성의 경우 사치스럽고 그 맛이 복잡하나 전체적으로 음식의 풍은 소박하고 간도 중간 정도이며 맛은 구수하고 양은 많은 편이다. 음식에 멋을 내지 않아 소박하고 맵고 간이 센 편이다.

개성을 제외하고는 대체로 소박하고 양이 많은 특징을 가지고 있는데, 개성 음식은 음식을 만들 때 여러 가지 재료를 쓰고 공을 많이 들인다.

대표음식으로는 조랭이떡국, 홍해삼, 무찜, 주악, 편수, 닭젓국, 장떡, 보쌈김치 등이 있다.

강원도 음식

태백산맥을 가운데로 영동 · 영서지방에서 생산되는 산물이 크게 다르다. 영서지방에서는 옥수수 · 감자 · 메밀 · 도토리 등의 이용하여 만든 것이 많고, 영동지방은 해산물을 이용하여 만든 것들이 많다. 음식은 소박하고 구수하며, 산악지역은 육류를 쓰지 않는 음식이 많으나, 해안지방에서는 멸치나 조개 등을 넣어 음식 맛을 낸다.

대표음식으로는 감자밥, 황태구이, 오징어구이, 오징어순대, 산나물, 더덕생채, 메밀묵, 메밀막국수, 감자송편 등이 있다.

경상도 음식

동해와 남해에 좋은 어장을 가지고 있어 해산물이 사시사철 풍부하며 경상

경기도 조랭이 떡국 ▼

강원도 삼색 더덕생채 ▼

경상도 해물파전 ▼

남 · 북도를 흐르는 낙동강의 강수량은 주위에 기름진 농토를 만들어 농산물도 고루 생산된다. 음식은 대체로 짜고 맵게하고 전라도 음식보다 더 매우며, 물고기를 이용하여 국을 끓여 먹기도 하며 국에 소금 간을 하는 특이한 조리법이 있다. 국수를 즐기며 날콩가루를 넣은 칼국수를 특히 좋아한다.

대표음식으로는 진주비빔밥, 해물파전, 닭칼국수, 조개국수, 홍합회, 대구탕, 상어산적, 재첩국, 미더덕찜, 아구찜, 안동식혜, 깻잎김치, 콩잎김치 등이 있다.

❖ 전라도 음식

호남평야를 안고 있어 농산물이 풍부하며, 산채와 과일, 해산물이 고루 풍족하므로 다른 지방에 비해 음식의 종류가 많고 매우 화려하고 사치스러우며 다양한 음식을 만든다. 반찬 가짓수가 많은 상차림이 유명하고, 다양한 젓갈을 사용하여 감칠맛이 나고 짭짤하고 매운 것이 특징이다.

대표음식으로는 전주비빔밥, 홍어찜, 콩나물밥, 추어탕, 낙지호롱(구이), 부각, 미나리강회, 산자, 꼬막무침, 갓김치, 고들빼기김치 등이 있다.

▼ 전라도 전주비빔밥

▼ 충청도 올갱이국

❖ 충청도 음식

충청도는 바다에 접한 남도와 육지만으로 있는 북도로 나누어지는데 충북 내륙지역에서는 산채가 많이 나며, 곡물이 풍부하고 서해에 좋은 어장이 있어 해산물이 많이 나서 새우젓 · 어리굴젓 · 조개젓이 발달하였다. 음식은 구수하고 담백하며 꾸밈이 별로 없는 소박한 음식들이 많고 음식의 양이 많은 편이다. 늙은 호박을 이용한 음식들이 많고, 늦은 가을부터는 청국장을 만들어 찌개를 끓여 먹는다. 특히 된장을 이용해서 끓인 국이 매우 구수하다. 국물을 내는 데는 고기보다 닭이나 조개 · 굴과 같은 해물을 많이 쓰는 것이 특징이다.

대표음식으로는 청국장, 호박범벅, 늙은 호박찌개, 제육고추장구미, 녹두편, 청포묵, 올갱이국, 용봉탕, 쇠머리떡, 굴깍두기, 석박지 등이 있다.

제주도 옥돔구이 ▼

함경도 회냉면 ▼

황해도 순두부 ▼

❖ 제주도 음식

농사짓는 땅이 적어 쌀이 적고 잡곡과 고구마가 많다. 채소와 된장, 해조류가 찬의 주재료이며 바닷고기를 말려서 두고 쓴다. 부지런하고 꾸밈이 없고 소박한 성품이 음식에도 그대로 나타나서 많이 차리거나, 양념을 많이 넣지 않아 식품 특유의 맛을 즐길 수 있고 조리법이 간단한 음식이 많다. 겨울이 따뜻하여 김장을 조금씩 담그며, 김치의 종류가 다양하지 못하다. 해산물, 돼지고기, 닭고기를 주로 이용하여 해초와 된장으로 맛을 낸다.

대표음식으로는 전복죽, 옥돔죽, 미역죽, 옥돔구이, 해물뚝배기, 갈치호박국, 자리물회, 옥돔구이, 돼지고기육개장, 표고버섯전(초기전), 전복김치, 해물김치 등이 있다.

❖ 함경도 음식

개마고원이 있는 험악한 산간지대로 논농사는 적고 밭농사를 많이 한다. 곡류 중에서도 콩, 조, 강냉이, 수수, 조 등이 많이 나고 감자, 고구마도 질이 좋아서 녹말을 만들어 반죽하여 냉면이나 비빔국수를 만들어 먹는다. 동해안은 세계3대 어장에 속하며 명태, 청어, 대구, 연어, 정어리 등 다양한 어종이 잡힌다. 음식의 간은 짜지 않고 담백하나 마늘, 고추 등의 양념을 강하게 쓰며, 음식의 모양이 큼직하고 장식이나 기교를 부리지 않는다.

대표음식으로는 기장밥, 조밥, 동태순대, 가자미식해, 회냉면, 감자막가리만두, 콩나물김치, 대구깍두기 등이 있다.

❖ 황해도 음식

북쪽지방의 곡창지대로 쌀 생산이 많고 잡곡도 질이 좋다. 황해도는 인심이 좋고 생활이 윤택하여 음식의 양이 푸짐하고 큼직하며, 음식의 맛은 짜지도 맵지도 않고 음식에 기교를 부리지 않는 소박한 특징이 있다.

김치에는 독특한 맛을 내는 향신채소인 고수와 분디를 반드시 넣는데, 배추김치에는 고수가 좋고, 호박김치에는 분디를 반드시 쓴다. 김치는 맵지 않고 단백하며 국물을 넉넉하게 만든다.

대표음식으로는 김치말이, 순두부, 잡곡밥(세아리밥), 되비지탕, 배추김치

누름적(행적), 동치미, 호박김치 등이 있다.

평안도 음식

동쪽지역은 산이 높아 험하고, 서쪽은 서해안에 면접하여 해산물이 풍부하고 넓은 평야로 인해 곡식이 풍부하다. 음식의 재료, 모양, 맛 등이 황해도 음식과 비슷하여 음식이 큼직하고 푸짐해서 먹음직스럽다. 겨울에는 매우 추운 지방이어서 기름진 육류음식을 즐겨먹으며, 다른 지방보다 겨울에 먹는 음식이 발달되어 있다.

대표음식으로는 평양냉면, 어복쟁반, 녹두부침, 순대, 만두국, 온면, 잡곡가루 전병(노티), 냉면김장김치, 백김치, 동치미 등이 있다.

▲ 평안도 어복쟁반

7. 한국음식의 식사예절

우리 민족은 '예'를 최고의 미덕으로 여겨왔으며, 식사예절을 특히 중요한 덕목으로 가르쳐왔다. 이처럼 먹고 마시는 일은 사람이 살아가는데 빼놓을 수 없는 절대적인 요건이기 때문에 예절은 더욱 중요한 것이다. 정성껏 만든 음식과 격식에 맞는 식사 예절 등은 음식을 먹는 사람들로 하여금 즐겁게 식사 할 수 있도록 하며, 식사 예절을 제대로 배워 행동하는 것은 생활을 아름답고 즐겁게 영위하기 위한 방법이다.

① 윗 어른과 함께 식사를 할 때에는 항상 윗 어른이 수저를 든 다음에 식사를 시작해야 한다.

② 식사를 시작할 때는 반드시 수저로 국, 물김치국 또는 국물 있는 음식을 먼저 뜬 후 다른 음식을 먹는다.

③ 숟가락, 젓가락을 한손에 다 같이 들고 사용하지 않으며, 국그릇이나 반찬그릇 위에 걸쳐놓지 않도록 한다.

④ 식사할 때 맛있는 반찬만을 골라 먹거나, 뒤적거리지 말고 먹지 않는 것을 골라내거나 양념을 털어내지 않는다.

⑤ 멀리 떨어져 있는 음식이나 양념은 자기의 팔을 길게 뻗쳐 집어오지 않도록 하고 반드시 옆의 분에게 집어 주기를 청하여 받는 것이 좋다.

⑥ 한꺼번에 많은 음식을 입안에 넣지 않으며, 적당한 양을 넣어 씹을 수 있도록 하고, 입속에 음식을 넣은 채 말을 하지 않도록 한다.

⑦ 생선가시나 찌꺼기는 한 곳에 가지런히 모아서 옆 사람이 보지 않도록 종이에 싸서 버리거나 식탁 위에 놓인 토구를 이용하는 것이 좋으며, 여러 사람이 함께 쓰는 식탁이 지저분해지지 않도록 한다.

⑧ 식사 중에 기침이나 재채기가 나면 머리의 방향을 빨리 돌리고, 손이나 손수건을 대어 침이 튀거나 입속의 음식물이 보이지 않도록 한다.

⑨ 국이나 물을 마실 때, 후루룩 소리를 내거나 그릇을 들고 마시는 것은 바람직하지 못하고 숟가락으로 떠서 조용히 먹는다.

⑩ 음식을 다 먹은 후에는 숟가락과 젓가락을 오른쪽에 가지런히 놓고, 식사 후 식탁에서 이를 쑤시거나 트림을 하지 않으며, 어른이 일어나시기 전에 먼저 일어나지 않는다.

제 2 장

조리위생

1. 개인위생
2. 주방위생
3. 식재료위생

1. 개인위생

위생은 안전하고 정갈한 음식을 제공하기 위해 조리전반에 걸쳐 가장 주의를 기울여야 하는 사항으로 식품을 취급하는 조리 종사자들에게 있어서 개인위생을 철저히 준수하는 것이 필요하다. 조리사 개개인은 건강하여야 함은 물론 위생관념과 수칙을 항상 준수하여 안전한 음식을 제공하도록 책임의식을 가져야한다.

1) 개인위생과 위생복 관리

❖ 머리와 모자

- 머리카락은 모자에서 흘어 나오지 않도록 잘 정리한다.
- 뒷 머리카락은 옷깃에 닿지 않도록 한다.
- 긴 머리카락은 묶어 머리 망을 사용하여 정리하고 머리핀은 음식에 들어 갈 수 있으므로 사용하지 않는다.
- 모자는 머리에 고정시켜 단정하게 착용하며 접지 말고 깨끗하게 사용한다.

❖ 얼굴

- 짙은 화장이나 향수, 향이 강한 화장품은 절대 사용하지 않는다.
- 귀걸이, 반지 등 액세서리는 착용하지 않는다.
- 조리도중 머리카락이나 얼굴을 만지지 않도록 한다.
- 수염은 깔끔하게 손질한다.

손, 손톱

- 손은 조리시작 전과 후에 항상 청결을 유지 한다.
- 손톱은 항상 짧게 자르고 매니큐어는 바르지 않으며 깨끗하게 관리한다.
- 조리 중에는 알콜 소독기를 이용하고 향이 있는 비누를 사용하지 않도록 한다.
- 손톱은 솔로 잘 문질러 씻고 손가락 사이도 깨끗이 씻는다.
- 화장실을 다녀온 후에는 반드시 손을 깨끗이 씻는다.

위생복, 앞치마

- 위생복과 앞치마는 다림질하여 항상 깨끗하게 착용한다.
- 단추를 풀어 놓거나 형태를 변형시켜 착용하지 않도록 한다.
- 양쪽 소매는 조리 시에 음식물이 소매에 닿지 않도록 접어 불편함이 없도록 한다.
- 조리시작 전 반드시 위생복 상태를 점검하여 항상 깨끗하게 유지한다.

신발

- 신발 바닥이 미끄럽지 않고 굽이 낮은 것으로 착용한다.
- 신발은 구겨 신지 않는다.
- 슬리퍼는 착용하지 않도록 하며 앞이 터져 있지 않는 신발로 착용한다.
- 신발은 깨끗이 세척하여 청결을 유지한다.

2) 건강관리

음식을 다루는 사람은 건강하고 청결한 상태를 유지하여 자신으로부터 항상 각종 병원균의 오염과 전염이 되지 않도록 위생적으로 안전한 음식을 제공해야 한다.

손에 상처가 있을 때에는 바로 치료하고 직접적인 조리를 하지 않는다. 또한 감기, 인후염, 피부병 및 전염성 질환의 감염 시에도 조리업무를 하지 않으며, 정기적으로 신체검사와 예방접종을 해야 한다.

다음의 전염병은 조리에 종사하지 못하는 질병이므로 주의해야 한다.

- 전염병 예방법에 규정된 제 1종 전염병 중 소화기계전염병(콜레라, 장티프스, 파라티프스. 이질 등)
- 전염병 예방법에 규정된 제 3종 전염병 중 결핵
- 피부병 기타 화농성 질환

2. 주방위생

1) 주방위생관리

식품을 취급하는 모든 주방의 기구 및 기계 등은 항상 조리사들이 이용하는 것이므로 위생적으로 안전하게 관리하여 위생적인 환경이 되도록 한다.

- 주방내의 온도는 16~20℃ 습도 40~60%가 적합하므로 통풍이 잘되도록 항상 환기 시설을 가동시켜야 한다.
- 식재료의 반입 시 들여온 빈 상자는 주방 내에 적재해 두지 않아야 해충이 번식하지 않는다.
- 주방에서는 잡담 및 담배를 피우거나 침을 뱉지 않는다.

- 폐유는 하수구에 버리지 말고 따로 모아두며 주방의 하수구는 주기적으로 청결하게 청소한다.
- 냉장실에 뜨거운 음식을 보관할 때는 반드시 냉각시켜야 하며 용기는 밀폐해서 보관해야 한다.
- 지저분한 표면을 닦을 때 사용한 솔, 스펀지, 행주는 다른 용도로 사용 하지 않는다.

2) 조리실 청소

조리실은 매일 1회 이상 청소하며 적어도 천장과 바닥, 벽면도 주기적으로 청소하여 항상 청결 상태를 유지해야 한다. 조리실 내부의 기자재와 기물 등은 깨끗하게 사용하고 냉장고와 냉동고는 온도 관찰에 유의하며 내부는 항상 깨끗하게 사용한다.

- 조리실의 시설, 설비, 기구류 등은 사용한 후 매일 청소하는 것을 원칙으로 한다.
- 바닥은 조리 등의 이유로 미끄러울 경우 중성세제로 기름기를 제거하고 1일 1회 중성세제와 솔로 바닥을 쓸고 닦은 후 소독 액을 이용하여 소독한다.
- 배수로 및 트랜치는 이물질을 제거하고 바닥 솔과 중성세제를 이용하여 문질러 닦은 다음 물로 깨끗이 씻는다.
- 내벽은 기름때와 먼지 등 찌든 때가 끼지 않도록 작업을 마친 다음 수시로 제거하며 주 1회 대청소를 실시한다.
- 천장은 긴 막대가 달린 솔로 세제를 묻혀 자주 청소하고 마른 걸레로 닦는다.
- 창문과 창틀은 먼지 등이 쌓이지 않도록 세제를 묻혀 월 1회 청소하고 마른 걸레로 닦는다.
- 환기시설은 조리 할 때 표면에 기름때와 이물질이 달라 붙으므로 주 1회 필터 청소 및 내부와 표면을 청소하여 오염방지를 위해한다.

- 젖은 쓰레기는 어느 정도 물기를 뺀 잔반을 탈수 시켜 수분을 제거하고 마른 박스나 종이는 압착하여 처리한다.
- 쓰레기통은 단단하고 내구성이 있어야 하고 반드시 뚜껑을 사용하며 악취 및 액체가 새지 않도록 파손된 부분과 흡수성이 없어야 한다.
  사용 후 세제를 이용하여 깨끗이 닦고 물기를 제거한다.
- 쓰레기는 철저히 분리하여 처리한다.

3. 식재료위생

안전한 음식을 만드는 시작은 위생적이며 신선한 식재료를 구매하는데서 출발한다.

식재료는 조리과정을 거치는 동안 안전하게 음식을 제공하기 위해 위생적으로 식품을 취급해야 한다.

1) 식품의 구매

부패하기 쉬운 식품은 특히 검수에 신중한 주의가 필요하다. 선도, 품질, 첨가물의 사용유무, 이물질의 혼입, 함량, 보존법 제조년월일 등에 유의해야 하며 검수가 끝나면 신속히 전처리와 보관 및 저장해야 한다.

2) 식품의 보관 및 전 처리

식품의 보관시설은 항상 청결히 하고 적정 저장온도를 유지하여야 한다.

- 냉장고 0~10℃
- 냉동고 -18℃ 이하

- 온장고 65℃ 이상
- 중탕기 90℃ 이상
- 전처리 과정은 오염물을 제거해야 하며 도마와 칼은 생선용과 채소용을 구분하여 흐르는 물에 씻어 기구 및 조리 용기에 의한 2차 오염에 주의 하여야 한다.
- 식재료의 선입선출을 통해 낭비 없이 항상 신선한 식재료만을 사용하며 적정 온도 관리를 통해 신선도를 유지할 수 있도록 해야 식품의 변질이나 부패를 막을 수 있다.
- 가열해서 제공하는 음식은 반드시 익혀야 하며 냉각이 필요한 식재료는 팬에 펴서 냉각한 후 보관해야 한다.
- 개봉한 식재료가 남았을 경우에는 깨끗한 용기에 담아 밀봉해서 보관하며 식품의 제조일자, 유통기한이 경과된 식품을 확인하고 조리 시 색, 냄새, 끈적임, 맛 등을 관능검사 한 다음 이상여부를 확인한다.

음식물에 오염되어 있는 식중독균은 10℃ 이하의 냉장 상태에 두더라도 그 보존의 이상적인 기간은 2일(48시간) 정도 밖에 안 되며 3일(72시간) 이상이 되면 오염된 균이 증식하게 된다. 더욱이 냉장이 아니고 25℃ 정도의 상온 상태에서는 2일(48시간) 만에 균수가 수십만 또는 수백만에 달하는 수도 있음을 알아야 한다. 따라서 고온다습한 여름철에는 세균성 식중독이 많이 발생하므로 세심하고 철저한 식품 취급이 요구된다.

3) 조리

식품을 위생적으로 조리하기 위해서는 우선적으로 식재료 및 조리기구 등을 깨끗하게 취급해야 한다.

- 오염된 식품이나 식재료가 조리인의 손이나 불결한 기구 및 용기에 의하여 취급 되어서는 안 된다.

- 원재료를 취급하였던 손과 도마로 이미 조리가 끝난 음식물을 다시 취급할 경우 교차오염의 원인이 되므로 사용하지 말아야 한다.
- 조리 중의 식품이나 반 조리 식품 또는 조리가 끝난 음식물을 상온 상태에서 오랜 시간 방치해 두면 변질, 부패되기 쉽다.
- 육류, 육류가공품, 우유 및 유제품 등은 식중독의 원인 식품이 되기 쉬우므로 이들을 주원료로 하는 음식물들은 그 취급에 만전을 기해야 한다.
- 식품은 신선함을 잃기 전에 빨리 조리한다.
- 완성된 음식은 가능한 한 손으로 만지지 말고 기구를 이용하며 손으로 취급할 경우 깨끗이 씻는다.
- 완성된 조리식품은 냉장하지 않은 상태에서 오랜 시간 두어서는 안 되며 가능한 한 빨리 냉각시켜야 한다. 냉장하였던 조리식품은 먹기 전에 반드시 재가열 하여 먹어야 한다.
- 식재료를 다룰 때에는 교차오염을 방지하기 위해 취급하는 기구, 칼, 도마 등을 구분하여 사용해야 하며 반드시 식품별로 정해진 작업대에서 조리하고 이들 기구들은 사용 후 반드시 세척하고 소독하도록 한다.
- 조리 시 음식의 간을 볼 때에는 국자나 스푼을 이용하여 조금 덜어서 맛을 본 후 재사용을 하지 않으며, 손가락을 사용하지 않는다.
- 조리된 식품은 먹기 전까지 뚜껑을 덮거나 깨끗한 종이로 포장해서 보관하므로 먼지나 해충들이 들어갈 수 없도록 한다.
- 완성된 음식은 물기 없는 깨끗한 그릇에 담도록 한다.
- 음식 위에서 재채기 하거나 침을 튀며 말해서는 안 된다.
- 얼굴에 맺혀 있는 땀을 닦을 때 손이나 부엌 행주를 사용해서는 안 된다.
- 음식을 식히기 위해 입으로 불거나 부채질을 해서는 안 된다.

제 3 장

한국음식의 조리기술

1. 계량
2. 한국음식의 양념과 고명
3. 식재료손질과 가열조리방법
4. 밥 짓기
5. 한국음식의 조리기술체계

1. 계량

식재료를 이용하여 과학적인 조리를 할 때 가장 먼저 하는 과정으로 식재료를 낭비없이 맛있게 조리하려면 재료의 분량이나 배합이 알맞아야 하므로 과학적인 조리과정을 위해서는 먼저 계량을 정확하게 할 수 있어야 하며 계량하는 방법을 익혀 숙달시키면 편리하고 일정한 맛과 모양을 낼 수 있다.

1) 계량기구

계량 기구로는 계량컵과 계량스푼, 저울, 온도계, 투명자, 비중계 등이 있으며 기기는 눈금이 섬세한 것일수록 오차가 적으며 정확한 계량을 해야 음식의 일정한 맛을 유지 시켜준다.

- 계량컵과 계량스푼 : 한국식은 1컵을 200cc로 사용하며 1/2컵, 1/4컵 등이 있으며 미국은 1컵의 기준이 240cc이다.
- 저울 : 식재료의 무게를 측정하기 위한 기구로 g, kg으로 나타내며 가장 많이 이용된다. 일반저울, 전자저울 등이 있으며 눈금이 섬세한 것일수록 오차가 적다.
- 온도계 : 식재료 온도를 측정하기 위한 기구로 내부온도를 측정하기 위한 온도계, 튀김기름, 설탕용액 등의 온도측정을 위한 온도계, 디지털 온도계 등 다양한 종류가 있다.
- 투명자 : 조리 실습 시 식재료의 길이를 잴 때 사용하며 길이에 대한 정확한 감각을 익혀둘 수 있도록 훈련한다.
- 타이머, 염도계, 비중계 : 정확한 조리시간을 맞춰 조리하는데 타이머가 필요하며, 염도계는 국이나 찌개의 짠맛 정도를 측정하는데 사용되며, 비중계는 비중을 측정하는데 사용한다.

계량기구 ▼

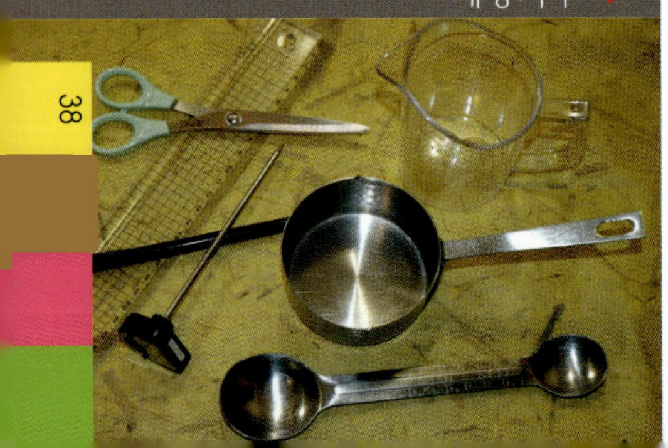

2) 올바른 계량기구 사용방법

❖ 저울

수평으로 놓고 바늘은 0에 고정시켜야 하고 눈금은 정면에서 읽으며 저울을 이동시키고자 할 때는 몸체를 들어 이동해야 하며 사용하지 않을 때는 저울접시에 아무것도 올려놓지 말아야 한다. 사용 후에는 항상 깨끗이 닦아 놓아야 한다.

◈ 식품의 계량 단위

1컵(Cup, C)	= 13과 1/3큰술= 200cc
1큰술(Table spoon, Tbsp) 3tsp	= 15cc
1작은술(tea spoon, tsp)	= 5cc
1Lb(파운드) g	= 16oz(온스) 454g
1gallon(겔런)	= 4quart(쿼터) = 3.8ℓ
1관	= 10근
1근	= 600g(설탕, 육류), 375g(채소류, 밀가루, 과일)
1가마	= 10말 (쌀1가마 = 80kg)
1말	= 10되
1되	= 10홉 = 1.8ℓ
1홉	= 180cc

❖ 계량컵과 계량스푼

기름이나 물이 묻지 않은 상태에서 사용해야 하며 재료의 질감에 따라 계량하는 방법이 다르므로 주의한다.

- 액체식품(물, 기름, 간장) : 표면장력이 있으므로 투명한 계량 용기를 사용하여 계량컵의 눈금과 눈높이를 맞추어서 계량한다.
- 가루상태의 식품(밀가루, 백설탕) : 덩어리졌을 경우는 잘게 부수어서 체에 친 다음 가루는 꼭꼭 눌러 담지 않도록 하며 계량기의 윗면이 수평이 되도록 깎아서 계량 한다.

- 곡류(쌀, 콩), 알갱이 : 컵에 가득 담아 윗면이 수평이 되도록 살짝 흔든 후 깎아서 계량한다.
- 반 유동성 고체 식품(고추장, 된장, 흑설탕, 물엿) : 된장이나 다진 고기 등의 식품재료는 계량 기구에 빈 공간이 없도록 눌러 담아 채워서 깎아 계량하고 물엿, 꿀 등은 컵이나 스푼에 가득 담아 남아있는 잔량을 모두 훑어내고 계량한다.
- 버터와 마아가린 등은 녹여서 액체 상태로 계량하기도 하고 계량기에 꼭꼭 눌러 담아 편편한 것으로 고르게 밀어 표면이 평면이 되도록 깎아서 계량하기도 한다.

◈ 재료의 목측량

구분	재료	단위	무게	비고
곡류 및 서류	쌀	1C	180g	1되 = 800g
	찹쌀	1C	180g	1되 = 800g
	감자	1개	100g	
두류	콩	1C	160g	1되 = 720g
	적두	1C	160g	
가루 및 두류 가공품	손두부	1모	400g	
	청포묵	1모	300g	
	녹말가루	1C	110g	
	감자전분	1C	90g	1Tbsp = 7g
	밀가루	1C	105g	1Tbsp = 8g
	쌀가루(젖은것)	1C	85g	
	엿기름가루	1C	115g	
채소류	수삼	1근	300g	5뿌리
	팽이버섯	1봉	100g	
	대파	1대	40g	大 100g
	오이(소박이)	1개	100g	백다다기 – 오이소박이용
	취청오이	1개	150g	
	고추	1개	10g	大 20g
	양파	1개	150g	
	피망	1개	80g	
	쑥갓	1단	230g	1Box = 4kg
	시금치	1단	300g	1Box = 4kg
	미나리	1단	180g	1줌 두께 360g
	애호박	1개	200g	천둥호박 1개 = 3kg
	배추	1통	2kg	
	콩나물	1봉	300g	

구분	재료	단위	무게	비고
채소류	무	1개	1kg	
	더덕	5뿌리	60g	
	통마늘	1통	30g	
과일류	사과	1개	300g	1Box = 15kg
	배	1개	500g	
	귤	1개	100g	1Box = 120개 크기
	딸기	1개	15g	100g에 6~7알
버섯류	건표고버섯(中)	5장	25g	
육류 및 가금류	소갈비	1토막	80g	
	돈족	1개	300g	장족 1개 = 1.5kg
	다진고기	1C	200g	
	닭고기	1마리	1kg	삼계용 닭 400g
난류	달걀	1개	50g	
어패류 및 해조류	오징어	1마리	200g	
	꽃게	1미리	400g	
	중하	1마리	30g	
	대하	1마리	100g	
	황태	1마리	70g	1쾌 = 20마리
	깐 생굴	1C	200g	
	깐 새우살	1C	200g	
	건 멸치	1C	50g	볶음용
	마른 새우살	1C	70g	
	깐 소라살	1개	50g	
양념 및 고명	고추장	1C	250g	1Tbsp = 20g
	된장	1C	240g	1Tbsp = 18g
	간장	1C	230g	1Tbsp = 17g
	꽃소금	1C	130g	1Tbsp = 9g
	설탕	1C	180g	1Tbsp = 14g
	물엿	1C	290g	1Tbsp = 23g
	꿀	1C	300g	1Tbsp = 23g
	식초	1C	200cc	1Tbsp = 15cc
	청주	1C	200cc	1Tbsp = 15cc
	식용유	1C	180g	1Tbsp = 14g
	참기름	1C	180g	1Tbsp = 14g
	멸치액젓	1C	240g	1Tbsp = 18g
	새우젓	1C	240g	1Tbsp = 18g
	다진 파	1C	180g	1Tbsp = 14g
	깐 마늘	1C	110g	다진마늘 1C=160g, 1Tbsp = 12g
	깐 생강	1C	115g	

구분	재료	단위	무게	비고
양념 및 고명	굵은 고춧가루	1C	80g	1Tbsp = 6g
	가는 고춧가루	1C	100g	1Tbsp = 7.5g
	겨자가루	1C	80g	1Tbsp = 6g
	참깨	1C	90g	1Tbsp = 7g
	깨소금	1C	90g	1Tbsp = 7g
	흑임자	1C	110g	1Tbsp = 8g
	들깨	1C	95g	1Tbsp = 7g
	깐 호두살	1C	80g	1개 = 5g
	깐 은행	1C	160g	10알 = 16g
	실백	1C	140g	1Tbsp = 10g = 약 50알
	대추	1개	2g	폐백용 대추(大) = 5g
	깐 생밤	10개	100g	

팽창률

국수, 미역 등의 건조 된 재료는 물을 첨가하거나 가열하면 부피와 무게가 팽창하게 되며 건조 정도에 따라 팽창률이 달라진다.

목측량

목측량에 제시한 재료 크기는 일상적으로 일반가정에서 쉽게 구할 수 있는 중간크기를 말하며 조리 시 적용하여 숙달되면 조리 분량을 계산하는 데 매우 편리하다.

◈ 조리시 식품의 팽창률

구분	건조식품	팽창률
삶았을 때	당면, 마른국수	3배
	젖은 국수(칼국수)	2배
불렸을 때	콩	2.6배
	팥	1.3배
	목이버섯	10배
	표고버섯	5배
	석이버섯	2.5배
	미역	7배
	호박오가리, 고사리	6배

❖ 가식량, 폐기율

조리 시 가식량을 감안하여 각 재료의 사용량이나 양념량을 정하면 훨씬 경제적이고 과학적으로 이용할 수 있다.

폐기율은 원재료 분량에서 가식 부분을 제외하고 폐기하는 부분을 백분율로 나타 낸 것으로 신선한 재료일수록 폐기율이 낮으며 각 식품의 평균 폐기율을 알아두면 조리하는데 매우편리하다.

가식량 = 식품재료의 원래의 분량×(1−폐기율)

2. 한국음식의 양념과 고명

1) 양념

양념은 '먹어서 몸에 약처럼 이롭기를 바라는 마음으로 여러 가지를 고루 넣어 만든다'라는 뜻으로 한자로 약념(藥念)으로 표기하며, 재료의 맛과 향을 돋우거나 나쁜 맛을 없애기 위해서 사용되는 것을 말한다. 양념은 그 나라 음식의 맛을 결정짓는 중요한 기본재료이며 양념의 종류, 분량, 음식에 넣는 시기에 의해서 맛이 좌우된다. 한국 음식에 쓰이는 주요 양념은 소금, 간장, 된장, 고추장, 파, 마늘, 생강, 고추, 깨소금, 참기름, 들기름, 식용유, 후춧가루, 계피가루, 산초, 식초, 겨자, 꿀, 물엿, 설탕, 등이 있다.

◈ 맛을 내는 양념 및 재료

짠맛의 재료	소금, 간장, 고추장, 된장 등
단맛의 재료	꿀, 설탕, 물엿, 조청, 올리고당 등
신맛의 재료	식초, 감귤류, 매실 등
쓴맛의 재료	생강
매운맛의 재료	고추, 겨자, 산초, 후추, 생강 등

소금

소금은 음식의 기본적인 짠맛을 내는 조미료로 방부제 역할을 하고 두부나 생선의 조직을 단단하게 하며, 삼투압 현상에 의해 재료를 부드럽게 하고 녹황색 채소의 색을 선명하게 한다.

소금은 재조방법에 따라 호렴, 제염, 재제염으로 구분된다. 모래알처럼 굵은 입자의 호렴은 고추장이나 된장을 담그거나 채소와 생선의 절임용으로 주로 사용한다.

제염은 천일염에 섞여 있는 불순물을 제거한 것으로 재제염에 비하여 거칠고 굵으며 빛깔이 희고, 맛이 약간 쓰다. 간장, 채소, 생선 절임용으로 사용한다.

재제염은 결정의 모양이 눈꽃모양이기 때문에 꽃소금이라 불리우며 희고 입자가 작으며 음식의 간을 맞출 때와 적은 양의 생선이나 채소를 절일 때도 사용한다.

음식에 넣는 소금의 양은 재료나 음식에 따라 다소 차이가 나지만 맑은국은 1%, 토장국이나 찌개는 2%정도, 김치는 재료 무게의 3%의 소금이면 맛이 적당하다.

소금의 짠맛은 신맛을 약화시키며, 단맛에 약간의 소금이 들어가면 더욱 달게 하는 맛의 상승작용이 있다.

간장

간장은 음식의 간을 맞추기 위해 사용되는 조미료로 콩으로 만든 우리 고유의 발효식품으로 성질이 서늘하며 맛은 짜다.

음식에 따라 간장의 종류를 구분하여 사용하는데 국간장(청장, 묽은간장)은 햇간장으로 색이 엷고 단맛이 적어 국이나 찌개, 나물, 양념장 등을 만들 때 사용한다.

오랫동안 숙성시킨 것으로 색이 진하고 단맛이 많이 나는 진간장(묵은 간장, 집진간장)은 조림, 볶음, 초, 구이와 육류의 양념 등에 사용한다.

간장을 끓이면 향이 감소하므로 국물이 끓을 때 넣는 것이 좋으며 조림요리에는 진간장에 여러 가지 양념을 섞어 2~3회 나누어 넣는 것이 좋다.

❖ 된장

된장은 콩이 주된 원료로 우리의 식생활에서 주요 단백질 공급원이 되고 있다.

재래식 된장은 메주를 쑤어 띄워서 간장을 떠내고 난 메주에 소금으로 간을 하여 발효시킨 것이다. 된장은 토장국이나 된장찌개, 나물 무침에 이용되며, 생선요리에는 냄새를 제거하는 역할을 한다.

❖ 고추장

고추장은 우리나라에만 있는 독특한 발효 조미료로 곡류, 메주가루, 고춧가루, 엿기름, 소금 등을 섞어 만든다.

고추장은 토장국, 고추장찌개, 생채, 구이, 조림 등에 조미료로 이용되며, 초고추장, 볶음고추장 등에도 이용된다.

❖ 설탕

설탕은 단맛을 내고 음식의 윤기와 적당한 끈기로 인해 재료들을 결합시키는 역할을 하는 양념으로 가공방법에 따라 백설탕, 황설탕, 흑설탕으로 나누며 정제도가 높을 수록 색이 희고 감미도가 높다. 고기양념, 조림 등에 많이 쓰이고 약식, 약과, 정과에 쓰인다. 조리를 할 때 설탕과 소금을 같이 사용할 경우 설탕을 먼저 넣어야 부드럽다.

❖ 꿀, 물엿, 조청

꿀은 단맛이 강하고 흡습성이 있어 음식을 잘 마르지 않게 하는 오래된 천연 감미료로 과당과 포도당이 주를 이루며 음식과 과일차, 감미료와 절임용으로 이용한다.

물엿은 녹말을 효소 또는 산으로 분해해서 만든 감미료로 감미가 설탕 보다 낮으며 부드럽고 흡습성이 있어 조림 등의 음식에 이용된다.

조청은 곡류를 엿기름으로 당화시켜 고아 만들며 한과와 조림에 많이 이용한다.

식초

식초는 신맛을 내는 양념으로 입맛을 돋우고 음식에 청량감을 주며 식욕을 증진시켜 소화흡수를 돕는다. 식초는 양조식초와 합성식초로 구분되며 곡물이나 과실, 알코올로 만든 식초를 양조식초, 빙초산에 식품 첨가물을 넣어 희석해서 만든 식초를 합성식초라 한다. 한국음식에서 식초는 주로 생채, 겨자채, 냉국 등 차가운 음식에 사용되어 신맛을 낸다. 식초의 산 성분은 녹색 채소를 누렇게 갈변시키므로 푸른색 나물이나 생채에 넣을 때는 상에 내기 직전에 넣는다.

파

파에는 자극성분인 황화합물이 함유되어 있어 고기의 누린내나 생선의 비린내를 제거한다. 대파의 흰 부분은 곱게 다지거나 채 썰어 양념으로 쓰는 것이 적당하며 푸른 잎은 자극이 세고 쓴맛이 강하므로 채 썰거나 어슷 썰어 찌개나 국에 넣는다.

마늘

마늘은 항균력이 뛰어난 알리신(allicin)을 함유하고 있어 살균, 구충, 강장 작용과 비타민 B_1 의 흡수를 도와 혈액순환을 촉진한다. 마늘은 주로 자극성 성분이 강해 고기와 생선요리의 누린내와 비린내를 없애거나 채소의 풋내 제거에 좋다.

양념으로 사용할 때는 얇게 저며서 육회의 고명으로 이용하고, 김치종류는 채 썰거나 다져서 쓰고, 조림이나 탕에는 통째로 쓰기도 한다.

생강

생강은 쓴맛과 매운맛을 내며 강한 향으로 생선 비린내, 돼지고기, 닭고기의 누린내 를 없애는데 효과적인 양념이며 식욕을 돋워주고 몸을 따뜻하게 하는 작용이 있어 한약재로도 많이 사용된다.

생강은 음식에 따라 강판에 갈아 즙으로 사용하거나 곱게 다져서 또는 채로 썰거나 얇게 저며서 사용한다. 육류나 생선을 조리할 때는 생강을 재료가 익은 후에 넣는 것이 효과적이다.

❖ 고추

고추는 매운 맛을 내는 양념으로 태양초는 붉은 빛이 선명하고 매운맛과 단맛이 좋으며 증기 건조법으로 말린 것은 색이 연하며 매운맛이 덜하다.

행주로 깨끗하게 닦고 씨를 빼서 말린 다음 용도에 맞게 가루로 만들어 쓰거나 곱게 채 썰어 실고추를 만들어 고명으로 쓴다. 고추가루도 용도에 맞게 굵기를 달리하여 사용하는데, 고운 가루는 고추장과 조미료용으로 사용하고, 굵은 가루는 김치 담글 때와 나물 무침용으로 사용한다.

❖ 후추

후추는 맵고 향기로운 풍미가 있어 육류요리의 누린내와 생선의 비린 냄새를 제거하는 향신료로서 음식의 맛을 도와 식욕을 높인다.

검은 후추는 덜 익은 후추 열매를 건조한 것으로 통째로 이용하거나 용도에 맞는 굵기로 갈아서 육류요리나 생선요리에 사용하며, 흰 후추는 완숙된 후추 열매의 껍질을 벗겨 말려서 가루를 낸 것으로 매운맛이 약하고 색이 연하고 향이 부드러워 흰 살 생선 음식에 사용된다.

❖ 겨자

갓의 씨앗을 가루내어 사용하며, 따뜻한 물에 개어 매운맛 성분을 생성시켜 식초, 설탕, 소금을 넣고 섞어서 사용한다. 겨자의 매운맛은 따뜻한 물 40℃정도에서 개어야 발효가 빠르게 되고 강한 매운맛이 난다. 겨자채를 무치거나 호박선, 구절판에 곁들이는 겨자장을 만드는데 쓰인다.

❖ 산초

매운맛과 독특한 향을 풍기는 향신료로 산초는 천초라고도 하며 산초나무의 열매와 잎이 고루 쓰인다. 완숙한 열매는 말려서 가루로 하여 조미료로 이용되며 추어탕이나 비린내와 기름기가 많은 음식에 쓰인다.

❖ 깨소금

깨소금은 참깨를 볶아서 통깨로 사용하거나 절구나 분말기에 넣고 빻아서 사용한다. 깨소금은 곱게 갈은 것은 양념장에 사용하고 거칠게 갈은 것은 나물을 무칠 때 사용하면 고소한 맛이 더하다.

❖ 참기름

참기름은 참깨를 볶아서 짠 기름으로 고소한 맛과 향을 내는 우리나라 음식에 많이 쓰인다. 발연점이 낮아 튀김에는 사용하지 않고 나물을 무칠 때, 약과나 약식을 만들 때 많이 쓰인다. 가열요리에는 마지막에 넣어야 향을 살릴 수 있다.

❖ 젓국

새우젓, 조기젓, 멸치젓, 갈치젓과 같이 생선이나 내장을 소금에 절여 발효시켜 만든 젓국은 김치에 많이 쓰인다. 소금대신 국, 찌개, 나물 등의 간을 맞출 때 쓰면 감칠맛이 국물 맛을 더욱 깊고 시원하게 한다.

2) 고명

고명은 음식을 아름답게 꾸며 먹고 싶은 마음을 갖도록 음식의 맛보다 모양과 색을 좋게 하기 위해 장식하는 것으로 '웃기' 또는 '꾸미'라고도 한다.

한국 음식의 고명은 음양오행설에 바탕을 두어 붉은색, 녹색, 노란색, 흰색, 검정색의 오색이 기본이며 색에 어울리는 재료는 다음과 같다.

◈ 고명 재료

붉은색	대추, 실고추, 당근 등
녹색	미나리 초대, 파 잎, 호박, 은행 등
노란색	황색 지단
흰색	백색 지단, 잣, 호두 등
검정색	고기, 표고버섯, 석이버섯 등

달걀지단

달걀을 황 · 백으로 나누어 각각 소금을 조금 넣고, 흰자는 알끈을 떼어내고 거품이 일지 않도록 잘 젓는다. 달걀위에 뜬 거품을 걷어내지 않으면 기포가 많이 형성 되어 매끈한 지단이 되지 않으며, 기름을 두른 팬에 불을 약하게 하여 익혀낸다.

채 썰거나 골패형 또는 마름모꼴로 썰어 탕, 찜, 국수장국, 볶음 등에 사용한다.

미나리초대

미나리는 뿌리와 잎을 떼어 내고 5줄기 정도를 꼬챙이에 꿰어서 길이 약 10cm, 폭 2cm 정도 조각을 만든 다음 손 등으로 살살 두들겨 두께를 고르게 한 다음 밀가루와 달걀 물을 묻혀 기름을 두른 팬에 파랗게 지져 식은 후에 꼬챙이를 빼고 마름모나 골패모양으로 썰어 만둣국이나 신선로 등에 사용한다.

고기고명(고기완자, 고기고명)

소고기의 살을 곱게 다져 양념하여 직경 1~2cm정도로 둥글게 빚어 밀가루를 얇게 입힌 다음 달걀 물을 묻혀 팬에 기름을 두르고 눌지 않도록 굴려서 지진다. 고기의 양념은 간장 대신 소금으로 하는 경우가 많고, 파 · 마늘을 곱게 다지고 설탕, 깨소금을 약간 넣어 섞는다. 면이나 전골, 신선로의 고명으로 쓰인다.

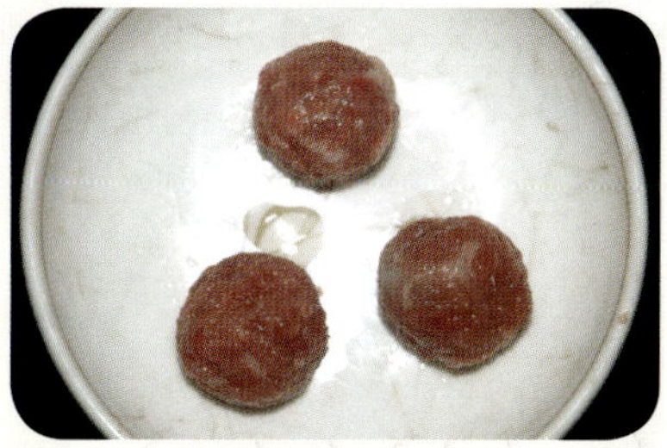

다진고기 고명은 소고기를 곱게 다져서 간장, 설탕, 다진파, 마늘, 깨소금

후추가루, 참기름 등으로 양념하여 볶아서 국수장국, 비빔국수 등에 사용하고, 채고명은 소고기를 가늘게 채 썰어 양념하여 비빔밥의 고명으로 사용한다.

❖ 버섯(표고버섯, 목이버섯, 석이버섯)

표고버섯은 미지근한 물에 불려 물기를 꼭 짜서 기둥을 떼고 살이 두껍고 큰 버섯은 얇게 저며서 사용하고 작은 것은 그냥 사용하며 마름모꼴이나 곱게 채 썰어 필요한 모양으로 썰어 사용한다.

목이버섯은 다른 버섯과 다르게 찬물에 불려 사용하며 불린 목이버섯은 나무에 붙었던 자리를 떼어낸 후 잎이 큰 것은 손으로 뜯거나 채 썰어 사용한다.

석이버섯은 미지근한 물에 불려 모래와 이끼를 긁어내고 돌돌 말아 곱게 채를 썰어 참기름, 소금으로 양념하여 약한 불에서 볶아 국수, 잡채 등에 사용하고, 채 썬 것을 볶지 않고 그대로 보쌈김치의 고명으로 사용하기도 한다.

❖ 잣(잣가루, 통잣, 비늘 잣)

잣은 실백이라고도 하며 기름이 매우 많은 견과류로 종이를 깔고 편편하게 펴서 자주 종이를 바꿔가며 다진다. 통잣은 전골, 탕, 신선로 등의 웃기나 차, 화채에 띄운다. 비늘 잣은 잣을 길이로 반을 잘라 놓으면 그 생김새가 물고기 비늘처럼 생겼다고 해서 비늘 잣이란 이름으로 쓰이기도 하며 한과의 고명으로 쓰인다.

곱게 가루를 낸 잣가루는 완성된 음식 위에 뿌려서 맛과 모양을 내며 '잣 소금' 이라고도 한다.

❖ 실고추

말린 고추를 반으로 갈라 씨를 제거하고 젖은 행주로 싸두었다가 부드러워진 후 곱게 채 썰어 나물이나 국수의 고명으로 사용한다.

◆ 홍고추, 풋고추

매우 선명한 홍색과 청색을 지니고 있으며 주로 어슷하게 썬 후 물에 헹궈 속의 씨를 빼서 음식에 같이 넣거나 채로 썰거나 골패형으로 썰어 음식의 윗부분을 장식해 주는 고명으로 사용한다. 익혀서 사용 할 때는 지나치게 오래 익혀 열에 의해 색이 변하지 않도록 하는 것이 좋다.

◆ 대추

붉은색의 고명으로 쓰이는 대추는 돌려 깎기하여 살을 발라내어 밀대로 밀어 길이로 곱게 채 썰거나 돌돌 말아 꽃 모양으로 둥글게 썰어 김치, 떡, 한과, 차의 고명으로 사용한다.

◆ 통깨

통깨는 양념으로 고소한 맛을 내기도 하고 먹음직스럽게 보이도록 음식 위에 뿌리면 더욱 풍성한 느낌을 준다. 나물, 잡채, 적, 구이 등의 고명으로 사용한다.

◆ 은행

은행의 성질은 부드럽지만 약간의 독성을 가지고 있으며 맛은 달고 쓰며 텁텁하다. 은행을 고명으로 사용할 때는 팬에 기름을 두르고 달구어 소금과 함께 은행을 볶아 속껍질이 반으로 갈라지면 뜨거울 때 키친 타올에 비며 껍질을 벗긴다. 신선로, 전골, 찜의 고명으로 쓰이고 볶아서 소금 간을 하여 두세 알씩 꼬치에 꿰어서 마른안주로도 사용한다.

◆ 호두

호두는 따뜻한 물에 담갔다가 쓴맛을 제거하고, 꼬챙이로 부스러뜨리지 않고 호두 모양을 잘 유지하면서 속껍질을 벗겨 사용한다.

호두는 지방과 무기질, 비타민이 풍부하고 생김새가 예뻐 찜이나 신선로, 전골 등의 고명으로 쓰인다. 호두는 몸을 윤택하게 하고 강장효과가 뛰어난 식품이다.

❖ 밤

밤은 속껍질을 벗겨 물에 담가 사용하며 음식의 용도에 맞게 채로 썰거나 편 썰기하여 보쌈김치나 냉채 등에 사용한다.

3. 식재료 손질과 가열조리방법

1) 식재료 손질

식재료는 조리 시작 전에 선별하여 다듬고 잘 씻는 등 재료손질 과정을 통하여 효율적인 조리를 한다.

❖ 다듬기

다듬기는 생선의 비늘이나 지느러미 등을 제거하고, 엽체류는 떡잎을 떼어내고, 뿌리채소는 흙과 뿌리등 불순물을 다듬어 사용하고 감자, 양파, 대파 등은 껍질을 제거하여 사용한다.

❖ 씻기

씻기는 전처리 과정에서 식품에 붙어 있는 먼지나 오물, 기생충, 농약 등의 유해물과 불미성분을 제거하여 위생적으로 안전하게 하기 위해 실시한다. 모든 식품은 3회 정도 흐르는 물에서 씻는 것이 좋으며 씻는 재료의 영양 손실을 줄이기 위해서 씻은 후 껍질을 벗기는 작업과 자르는 작업을 한다. 생선류는 칼집을 넣기 직전에 씻은 후 사용하고 오이 표면에 가시는 굵은 소금으로 문질러 씻어 사용한다.

❖ 물기제거

두부나 고기는 으깨어 면포에 감싸서 물기를 제거하며, 썰어서 소금을 뿌리거나 소금물에 절인 재료도 물기를 제거한 후 사용한다.

❖ 불리기

건표고버섯, 석이버섯, 말린채소류, 해조류, 생선 등의 건조식품은 조리하기 전에 물에 담가 수분을 충분히 흡수시켜서 팽윤시키고 연화시켜 사용한다.

❖ 절이기

소금, 설탕, 간장, 된장, 식초 등에 식품을 절여서 수분을 제거하므로 저장성을 높이거나 조리하기 전에 절이기 과정을 통해 음식 맛을 좋게 해주는 과정이다.

❖ 쓴물 우려내기

더덕과 도라지는 소금물에 담가 쓴맛과 아린 맛을 우려낸 후 조리하고, 고사리는 삶은 후 떫은맛을 제거하기 위해 물에 잠시 담갔다 사용한다.

❖ 갈변방지

감자나 고구마 같은 서류나 배, 사과 등의 과일류는 껍질을 벗겨놓았을 때 식품표면이 공기와 접하게 되면 효소의 작용으로 갈변이 일어나기 때문에 이를 방지하기 위하여 찬물이나 설탕물, 약한 소금물에 담그면 갈변을 방지할 수 있다.

❖ 핏물제거

소고기는 국물을 내기 위해서 찬물에 담가 핏물을 제거한 후 사용한다.

❖ 해감제거

조개류는 3%이하의 소금물에 1시간 이상 담가 해감을 제거한 후 사용한다.

2) 썰기의 종류

한국음식은 써는 방법과 다지는 방법 등 조리법이 다양하다. 썰기와 다지기의 목적은 먹기에 알맞은 크기로 썰거나 다져 표면적을 넓게 하므로 열전도율을 좋게 하고 양념의 흡수가 빠르게 되어 조리를 용이하게 하기 위함이다.

식재료의 써는 방법은 길이로 썰기를 한 후 일정한 두께로 자르고 제시한 넓이나 폭으로 규격을 맞추어 썰기를 한다. 음식의 특성에 따라 어울리는 썰기와 다지기를 함으로써 맛과 멋의 효과를 동시에 얻을 수 있으므로 일정하게 썰어주는 것이 필요하다.

◈ 식재료 썰기 방법

◀ 돌려깎기

규 격 : 5cm 길이

이용되는 음식 : 비빔밥, 국수장국, 비빔국수, 칼국수, 어선, 잡채, 칠절판

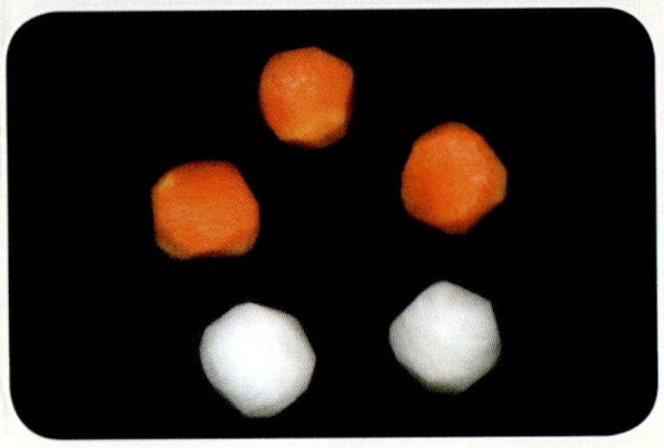

◀ 둥굴려깎기

규 격 : 밤톨 크기

이용되는 음식 : 닭찜, 돼지갈비찜

나박썰기 ▶

규 격 : 2.5×2.5×0.2cm, 3×3×0.3cm

이용되는 음식 : 나박김치, 보쌈김치

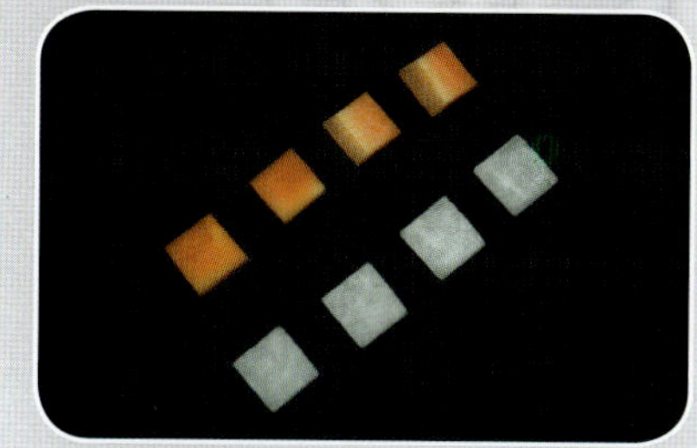

깍둑썰기 ▶

규 격 : 사방 2cm

이용되는 음식 : 비깍두기

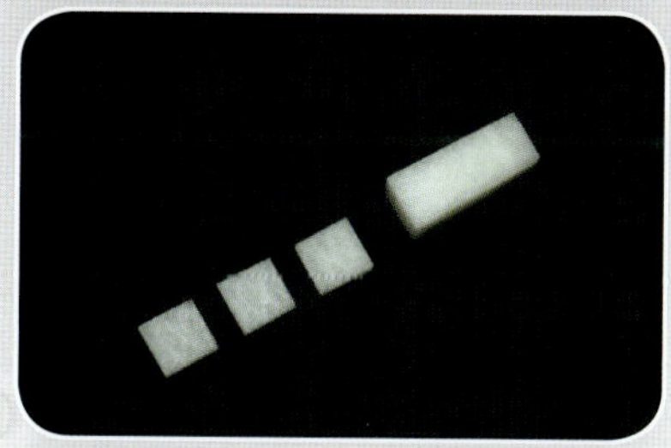

채썰기 ▶

규 격 : 5×0.1×0.1cm(아주가는채), 5×0.2×0.2cm(가는채), 5×0.3×0.3cm(굵은채)

이용되는 음식 : 구절판, 도라지생채, 무생채, 잡채

장방형썰기 ▶

규 격 : 5×1×0.3cm

이용되는 음식 : 화양적, 지짐누름적, 겨자채, 무숙장아찌, 오이숙장아찌

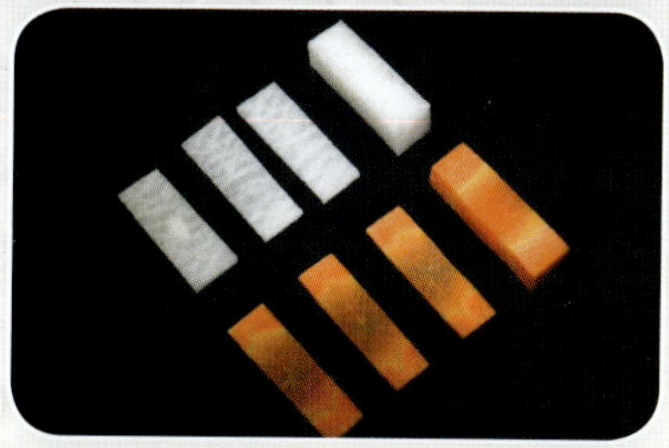

어슷썰기 ▶

규 격 : 0.3cm

이용되는 음식 : 생선찌개, 돼지갈비찜, 오징어볶음

마름모썰기 ▶

규 격 : 폭 2cm

이용되는 음식 : 만둣국, 완자탕, 닭찜

◀ **편설기**

규 격 : 0.2~0.3cm

이용되는 음식 : 육회, 홍합초, 보쌈김치

◀ **반달썰기**

규 격 : 0.4~0.5cm

이용되는 음식 : 생선찌개

◀ **은행잎썰기**

규 격 : 4등분

이용되는 음식 : 생선찌개

◀ **솔방울썰기**

이용되는 음식 : 오징어볶음

◀ **다지기**

규 격 : 사방 0.1cm

이용되는 음식 : 대파, 마늘, 생강

3) 가열조리방법

❖ 습열조리법

■ 데치기

데치기(blanching)는 100℃의 끓는 물(비등점) 상태에서 식재료의 5배 이상 많은 물을 사용하여 식품을 넣어 단시간에 가열 처리하는 방법으로 색의 고정을 위해서는 1%정도의 소금을 넣어 데친다. 특히 채소를 냉동 저장하거나 건조채소를 만들때 전처리과정으로 이용하면 효소의 불활성화로 변색을 억제하고 데치는 채소, 고기류의 좋지 못한 냄새를 제거시키거나 조직을 연화시킨다. 그리고 시금치의 경우 색을 강렬하게 나타내기 위한 방법이며 육류는 단백질을 응고 시켜 급격히 부패되는 것을 방지하고 식품의 독소를 빼내는 데 이용된다.

살짝 튀하다	끓고 있는 물을 부어 생선의 겉 표면만 익히는 경우
튀하다	실파, 미나리, 풋고추 등의 연한 푸른 잎의 채소를 데치는 경우
살짝 데치다	숙주나 취나물 등을 녹두 부침용으로 건조하기 위해 데치는 경우
데치다	숙주나 시금치등 나물용으로 데치는 경우

■ 삶기

삶기(boiling)는 100℃의 끓는 물(비등점) 속에서 재료를 넣고 익을 때까지 가열하는 방법으로 조리 시간을 단축하기 위해서 뚜껑을 덮고 조리한다. 육류나 어패류를 삶을 때는 끓는 물에 넣어야 표면의 단백질이 응고되어 육즙의 유출을 막고 모양이 흐트러지지 않는다. 국물을 맛있게 하려면 맛 성분이 우러나오도록 충분한 시간 가열하며 무, 당근, 우엉, 감자 등은 쉽게 익지 않으므로 처음부터 찬물에 넣고 익혀야 한다.

■ 조림

조림(stewing)은 센 불에서 계속 졸이면 맛 성분이 침투되기도 전에 국물이 증발하여 깊은 맛을 낼 수 없으므로 센 불에서 양념장이 끓기 시작하면 중불로 낮추어 양념장이 재료의 속까지 잘 스며들고 재료의 맛 성분이 용출되어 국물의 맛이 어우러지도록 서서히 졸인다.

■ 고음

고음(simmering)은 물이나 육수를 넣어 서서히 조리하는 습식 가열방법으로 끓기 직전의 온도 95~99℃로 가열하여 약간 보글거리는 상태로 가끔씩 거품이 터지는 정도이다. 이것은 삶는 것 보다 움직임이 훨씬 적은 상태이다. 곰탕이나 사골을 고을 때는 물이 끓고 난 후에 약한 불에서 뚜껑을 열고 은근히 끓여야 바람직하지 않은 성분은 휘발하여 육류의 구수한 맛이 육수에 충분히 우러난다. 뚜껑을 닫고 끓이면 증발하던 성분이 뚜껑에 닿아 물이 되어 다시 국물에 떨어지기 때문에 담백한 맛의 육수 맛을 얻을 수 없다.

■ 찜

찜(steaming)은 아주 흔히 사용하는 조리방법으로 뚜껑이나 증기실의 문을 밀폐하여 내용물이 물에 직접 닿지 않고 주변의 증기나 압력에 의해 조리되는 방식이다. 찜은 수증기의 증기열에 의해서 음식을 익히는 방법으로 물이 끓어 수증기가 충분히 생성된 후에 재료를 넣고 익혀야 한다. 수증기가 충분히 생성되지 못하면 재료의 표면에 물기가 형성되어 찜이 제대로 되지 못한다. 찜을 할 때는 용기의 40~50%의 물의 양이 적당하다. 물의 양이 너무 많으면 물이 끓어 재료의 밑에 물기가 배어 축축하게 되고 너무 적으면 수증기가 적어 음식을 충분히 익히지 못하고 타게 된다. 갈비찜, 사태찜, 닭찜 등의 육류 찜은 센 불에서 끓이다가 중불에서 조리게 되므로 복합적인 조리방법이다. 중간 불에서 조리해야 달걀찜이나 두부찜은 기포가 생기지 않으며 표면이 매끄럽다. 물에 삶는 것보다 풍미나 영양 손실이 적으며 짧은 시간에 다량의 조리가 가능하며 식품 자체의 고유의 맛을 유지할 수 있다는 것이 장점이다.

■ 중탕

중탕(double boiling)은 끓는 물 속에 조리 용기를 넣어 일정한 온도에서 가열하는 방법이다. 수란은 처음에는 중탕에 의해 계란의 표면이 부드럽게 응고가 진행된 후 달걀 단백질의 응고상태를 물속에서 완성시키는 조리이다. 약식은 찐 찰밥에 꿀, 참기름, 간장으로 양념하여 이 양념이 찰밥 속에 까지 잘 스며들도록 중탕으로 쪄야 노화를 억제할 수 있고 맛이 있다.

❖ 건열조리법

■ 구이

구이(grilling)는 기름이나 물 같은 것을 이용하지 않고 복사열을 이용하여 위쪽이나 아래쪽에서 직접 가해 신속하게 조리하는 방법이다. 구이는 보통 200℃ 이상에서 가열된다. 석쇠나 꼬치를 사용하여 직화에서 구울 때 표면이 타기 때문에 장시간 조리할 수 없다. 굽는 정도와 불의 온도에 따라 냄새와 맛이 달라지며, 재료와 불과의 거리는 7~10cm 정도를 유지하여 타지 않도록 하는 것이 좋으며 칠판구이, 돌구이, 오븐구이등 직화로 굽는 방법 외에 기구를 사용해서 굽는 구이도 해당된다.

■ 볶음

볶음(sauting)은 팬에 적은 양의 기름을 넣고 가열한 후 음식을 넣고 센 불에 재빠르게 살짝 익히는 방법으로 높은 온도에서 단시간에 볶아 익혀야 수용성 성분의 용출이 적으며 원하는 질감, 색과 향을 얻을 수 있다.

■ 지지기

지지기(pan frying)는 뜨겁게 달구어진 팬에 기름을 가볍게 두르고 재료를 서서히 익혀내는 방법으로 전류를 지질 때의 조리방법이다. 지단을 지질 때 불을 세게 하면 기포가 표면에 생성되어 매끄러운 지단을 완성 할 수 없을 뿐 아니라 색이 곱지 않으므로 팬의 온도는 80℃ 정도로 한쪽 면을 나무젓가락으로 가볍게 든 후 손으로도 뒤집을 수 있는 정도로 지단을 부쳐야 한다.

■ 튀기기

튀기기는 팬에 기름을 재료가 잠길 만큼 넣고 중불에서 튀겨내는 방법(pan frying)과 튀김 냄비에 기름을 넉넉히 넣고 튀기는 방법(deep fat frying)이 있다. 미역자반이나 다시마튀각은 전자에 속하고, 육류튀김, 채소튀김, 약과 등의 튀김은 후자에 속한다. 식재료에 따라 익히는 시간이 오래 걸리는 재료는 낮은 온도에서 충분히 튀기며 시간을 많이 필요로 하지 않는 경우에는 높은 온도에서 단시간에 튀겨낸다. 기름의 온도는 재료를 기름 속에 넣었을 때 냄비의 밑에 가라 앉았다가 떠오르지 않으면 150℃ 정도이며 바닥에 가라앉자마자 떠오르면 160℃ 정도, 중간 정도까지 가라앉다가 떠오르면 170℃정도,

표면에서 가라앉지 않으면 180℃ 정도, 표면에서 재료가 퍼져나가면 190℃ 정도가 된다.

4. 밥짓기

밥짓기는 쌀의 종류, 쌀의 양, 건조 정도에 따라 밥물의 분량을 달리하고 밥을 지을 때는 쌀알의 표면에 윤기가 흐르며 물기가 완전히 흡수되도록 솥의 형태나 종류, 불의 정도에 따라서 물의 양과 시간을 달리 지어야 한다. 밥 짓는 과정은 쌀 씻기와 불리기, 가열과정(온도상승기, 비등기, 뜸들이기, 재치기)뜸 들이기의 3단계로 나누어 볼 수 있다. 맛있는 밥을 짓기 위해서는 쌀 씻을 때 영양소 손실을 최소화 하고 적당한 온도의 물에 쌀을 씻으며 쌀을 불리는 시간을 최적화하는 것이 중요하며, 가열과정 뿐만 아니라 뜸 들이기와 재치기 또한 중요한 요소이다. 우리가 먹는 식사는 쌀밥, 잡곡밥, 무밥, 곤드레나물밥 등이 있으며 채소, 육류, 어패류 등을 한데 넣어 짓기도 하고 고슬고슬하게 지은 밥 위에 나물들을 얹어 양념장과 함께 비벼먹는 비빔밥 등을 만들어 먹기도 한다.

1) 쌀 씻기

쌀을 씻는 목적은 쌀알 표면에 쌀겨 및 이물질을 씻어내는 데 있다. 그러나 쌀을 씻는 과정에서 쌀은 많은 물을 흡수하므로 첫 번째 쌀뜨물을 버리고 씻어야 겨의 성분이 쌀알로 흡수되는 것을 막아 밥에서 겨 냄새가 나지 않는 밥을 지을 수 있다. 처음에는 충분한 물로 쌀을 씻어 쌀뜨물을 버려야하며 4~5번 정도 씻는 것이 바람직하며 너무 맑은 물이 나올 때 까지 여러 번 씻는 것은 좋은 방법이 아니다. 쌀을 씻어 불리지 않고 그대로 밥을 하면 물이 쌀알 중심까지 스며들지 않아 내부의 쌀 전분이 충분히 호화되지 못하므로 깨끗하게 씻어 밥을 지을 냄비에 적당한 물을 넣어 불렸다가 그 물로 밥을 지으면 영양 손실을 막을 수 있다.

쌀 불리기는 여름(수온 20～25℃)에는 30분～1시간, 겨울(수온 5～10℃)에는 1～2시간 정도가 적당하며 수분 양은 쌀 중량의 30%인데, 고슬고슬하게 잘 지어진 밥의 수분 함량은 65% 정도이다. 따라서 불린 쌀과 물은 1 : 1 동량을 사용하여 밥을 지으면 적당하다. 불 조절은 밥이 끓기 시작하면 중불로 밥물이 잦아들기 시작하면 약한 불로 조절해야 한다. 가열도중 불을 세게 할 경우 가열 시간이 짧고 수분 증발이 너무 많거나 밥물이 넘치게 되어 된밥이 되므로 얇은 냄비보다는 두꺼운 솥을 사용하는것이 바람직하다.

2) 물의 사용량

쌀을 불리면 부피는 20～25% 증가하고 중량은 25% 증가하며 가열 시 물의 사용량은 쌀 부피의 1.2배(불린 쌀과 동량)가 되고 중량은 쌀 중량의 1.4배가 된다.

쌀의 수분 함량은 건조 정도에 따라 10～13% 정도이고 햅쌀은 14～15%로 수분이 많은 햅쌀은 물을 적게 잡고, 마르고 오래된 묵은 쌀은 물을 많이 잡아야 한다.

쌀의 양 1컵은 물의 양 1.4배, 쌀의 양 4～9컵은 물의 양 1.2배, 쌀의 양 10～15컵은 물의 양 1.0배, 쌀의 양 19컵 이상은 물의 양 0.8배로 쌀의 양에 따라 물의 양은 다르게 맞추는 것이 좋다.

3) 가열방법

밥 짓기의 가열시간으로는 밥물이 끓을 때까지(100℃) 센 불로 가열하고, 밥물이 끓으면 물이 넘치지 않게 중간불로 낮추어 100℃로 10분간 유지시켜 전분의 충분한 호화가 일어나도록 해야 하는데 이때 불을 지나치게 세게 하게 되면 증기가 계속 위로 뿜어 올라가거나 밥물이 넘쳐 밑은 타서 눌어붙게 되므로 불 조절에 주의해야 한다. 끓기가 끝나면 약한 불로 줄여서 쌀알 표면에 남아있는 물이 밥알에 완전히 흡수되어 쌀 표면이 건조되도록 10~15분 정도 뜸들이기를 한다.

4) 뜸들이기

뜸들이기는 도중에 뚜껑을 열면 온도가 떨어져 밥알의 표면에 물방울이 붙게 되며 또한 시간이 너무 길어도 솥 안에 증기가 갇힌 채 온도가 내려가 물방울이 퍼진 밥과 같이 되므로 뜸들이기는 효과가 없게 된다. 따라서 뜸들이기는 10~15분 정도 후에 뚜껑을 열어서 주걱으로 가볍게 섞어 여분의 증기를 날려 버리고 밥통에 보온하는 것이 좋다.

5. 한국음식의 조리 기술체계

1) 기초 한국음식의 조리기술 체계

분류	음식	썰기	고명	조리방법
		길이×너비(폭)×두께		
(1)	비빔밥	채소, 소고기(채썰기) 5×0.3×0.3cm	황·백지단(채썰기) 5×0.3×0.3cm	밥하기, 채소 볶기, 고추장 볶기 다시마튀기기
		청포묵(채썰기) 5×0.5×0.5cm		
	콩나물밥	소고기(채썰기)		콩나물 다듬기, 밥하기
	장국죽	표고버섯(채썰기) 3cm 소고기(다지기)		싸라기 만들기, 죽 쑤기

분류	음식	썰기 길이×너비(폭)×두께	고명	조리방법
(2)	국수장국	소고기편육(채썰기) 5×0.2×0.2cm	황 · 백 지단(채썰기) 5×0.2×0.2cm 석이채, 실고추, 애호박, 소고기	국물내기, 국수삶기
	비빔국수	고기, 표고버섯, 오이(채썰기) 5×0.3cm	황 · 백 지단 (채썰기) 5×0.2×0.2cm	국수 삶기, 국수양념
	칼국수	애호박, 표고버섯(채썰기)	석이채, 실고추, 애호박, 표고버섯, 실고추	국물내기, 국수 반죽, 국수 밀기, 국수 삶기,
	만둣국	숙주, 배추김치, 소고기(다지기)	황 · 백 지단, 미나리 초대(마름모썰기)	국물내기, 만두반죽, 만두 빚기: 5개 삶기
(3)	완자탕		황 · 백 지단 (마름모썰기)	완자반죽, 완자 빚기 (3cm): 6개
	두부젓국 찌개	두부(직육면체썰기) 3×2×1cm 붉은고추, 실파(굵은 채썰기)		굴 씻기, 간맞추기
	생선찌개	애호박 (반달썰기) 0.5cm 두부, 무 (직육면체썰기) 3.5×2.5×0.8cm 청, 홍고추(어슷썰기) 쑥갓, 실파 4cm		생선다루기(비늘, 지느러미, 내장제거) 국물 끓이기
(4)	돼지 갈비찜	감자, 당근(둥글려깎기) 3cm 홍고추(어슷썰기)		갈비 데치기, 양념 넣고 찜하기
	닭찜	당근(둥글려깎기)	황 · 백 지단 (마름모썰기) 은행	닭 토막 데치기, 양념 넣고 찜하기: 5토막
	북어찜	북어(자르기) 6cm	실고추, 파채	북어 손질하기, 불리기, 자르기 양념 넣고 찜하기: 3토막
	알찜	석이(채썰기) 1cm×0.2cm 실고추, 실파(채썰기) 1cm	실고추, 실파, 석이채	달걀 체에 내리기, 중탕하기
	어선	당근, 오이, 표고, 당근, 황 · 백지단(채썰기)		생선살 포 뜨기, 채소 넣고 말기, 찜하기: 6개
	오이선	오이(어슷썰기) 4cm 소고기, 표고버섯, 황 · 백시난(채썰기)		오이 절이기, 볶기, 부 재료 채우기, 촛물 만들기: 4개
	호박선	호박(어슷썰기) 4cm 소고기, 표고버섯, 당근(채썰기)	황 · 백지단(채썰기) 2×0.1cm 실고추,석이버섯, 잣	호박 절이기, 부재료 넣기, 찜하기, 겨자즙 만들기: 2개

분류	음식	썰기 길이×너비(폭)×두께	고명	조리방법
(5)	표고전	소고기(다지기)		표고불리기, 소 채우기, 지지기: 5개
	풋고추전	풋고추 5cm 소고기(다지기)		풋고추 썰기, 데치기, 소채우기, 지지기: 8개
	육원전	소고기(다지기)		완자 소 반죽, 빚기, 지지기: 6개
	생선전	생선포(어슷썰기) 5×4×0.5cm		생선(비늘,지느러미, 내장제거), 포 뜨기, 지지기: 8개
	화양적	소고기, 오이, 도라지, 당근, 표고버섯, 황색지단 (막대썰기) 6×1×0.6cm	잣가루	산적꼬치에 꿰기, 지지기: 2꼬치
	지짐 누름적	당근, 도라지, 소고기, 표고버섯, 실파(장방형썰기) 6×5×0.5cm		산적꼬치에 꿰기, 밀가루 달걀 묻혀 지지기, 산적꼬치 빼기: 2꼬치
	섭산적	소고기(다지기)	잣가루	석쇠에 굽기: 9개
(6)	너비아니 구이	소고기 5×4×0.5cm	잣가루	양념장, 구이: 6쪽
	제육구이	돼지고기 5×4×0.4cm		양념장, 구이: 8쪽
	생선양념 구이			생선(비늘, 내장제거), 유장초벌구이, 양념장, 구이
	북어구이	북어 5cm		북어손질하기, 유장 초벌구이, 양념장, 구이: 3개
	더덕구이	더덕 5cm		더덕손질, 유장초벌구이, 양념장, 구이: 8개
	두부조림	두부(장방형썰기) 4.5×3×0.8cm	실고추, 파채	두부 썰기, 지지기, 양념장, 졸이기: 8쪽
(7)	홍합초	생강, 마늘(편썰기) 파 2cm	잣가루	홍합 다루기 양념장, 졸이기
	오징어 볶음	오징어(솔방울썰기) 4×1.5cm 풋, 홍고추(어슷썰기) 양파(채썰기) 1cm		오징어 칼집 넣기 양념장, 볶기
	삼색북어 보푸라기			보푸라기 만들기 양념장, 버무리기기
	무생채	무(채썰기) 6×0.2×0.2cm		양념장,버무리기: 70g
	도라지 생치	도라지(채썰기) 6×0.3×0.3cm		도라지껍질 벗기기 양념장, 버무리기
	더덕생채	더덕 5cm		더덕 두드리기, 찢기, 양념장, 버무리기

분류	음식	썰기 길이×너비(폭)×두께	고명	조리방법
(8)	겨자채	오이, 당근, 양배추, 소고기, 배, 황·백지단 (장방형썰기) 5×1×0.3cm 밤(편썰기) 0.2cm		소고기 삶기, 겨자즙 버무리기
	탕평채	청포묵(장방형 썰기) 6×0.4×0.4cm 미나리 4cm		청포묵, 숙주, 미나리 데치기, 양념장, 버무리기
	잡채	소고기, 표고버섯, 오이, 당 근, 도라지, 양파 6×0.3×0.3cm		당면 삶기, 채소 볶기 버무리기
	칠절판	소고기, 오이, 당근, 황·백 지단(채썰기) 5×0.2×0.2cm 석이버섯(채썰기)		채소 볶기, 밀전병 부치기
(9)	미나리 강회	소고기편육, 황·백지단 (장방형 썰기) 5×0.3×1.5cm 홍고추(채썰기) 4×0.5cm		소고기 삶기, 미나리말기, 초고추장 만들기: 8개
	육회	소고기, 배(채썰기) 0.3×0.3cm 마늘(편썰기)	잣가루	소고기 손질, 배 설탕물 담그기, 양념장, 버무리 기: 70g
(10)	무숙 장아찌	무(장방형썰기) 5×0.6×0.6cm 소고기(채썰기) 4×0.3×0.3cm 미나리 4cm	실고추	무 간장 절이기, 볶기: 80g
	오이숙 장아찌	오이(장방형썰기) 5×0.5×0.5cm 소고기(채썰기) 4×0.3×0.3cm 표고버섯(채썰기) 4×0.3cm	실고추	오이 소금 절이기, 볶기: 50g
	오이 소박이	오이(열십자넣기) 6cm		오이 열십자 썰어 절이기, 오이소 넣기, 국물 만들기: 3개
	보쌈김치	무, 배추(나박썰기) 3×3×0.3cm 낙지, 미나리, 갓, 실파 3cm 마늘, 생강(채썰기) 밤(편썰기)	대추, 잣 석이버섯	배추절이기, 양념만들 기, 보쌈 속 넣기, 김칫국 만들기

분류	음식	썰기 길이×너비(폭)×두께	고명	조리방법
(11)	화전	대추(돌려깎기) 밀가루반죽(장방형썰기) 5×2×0.3cm	대추, 쑥갓	익반죽하기, 시럽 만들기, 지지기: 5개
	매작과	생강(편썰기)	잣가루	밀가루 반죽 만들기, 시럽 만들기, 튀기기: 10개
	배숙	배(둥글려깎기)		생강물 끓이기 통후추박기, 배 익히기: 3쪽

밥 · 죽류

비빔밥 : 50분

콩나물밥 : 40분

장국죽 : 30분

제 4 장

한국음식의 조리 실습

1. 밥 · 죽류
2. 국수 · 만두류
3. 탕 · 찌개류
4. 찜 · 선류
5. 전유어 · 적류
6. 구이 · 조림류
7. 초 · 볶음류/마른찬류
8. 생채 · 숙채류
9. 회류
10. 장아찌 · 김치류
11. 떡 · 다과류

국수 · 만두류

국수장국 : 30분

비빔국수 : 30분

칼국수 : 30분

만둣국 : 45분

탕 · 찌개류

완자탕 : 30분

두부젓국찌개 : 20분

생선찌개 : 30분

찜 · 선류

돼지갈비찜 : 30분

닭찜 : 35분

북어찜 : 2

알찜 : 25분

어선 : 50분

오이선 : 25분

호박선 : 3

전유어 · 적류

표고전 : 20분

풋고추전 : 25분

육원전 : 20분

생선전 : 25분

화양적 : 35분

지짐누름적 : 35분

섭산적 :

구이 · 조림류

너비아니구이 : 25분

제육구이 : 30분

북어구이 :

생선양념구이 : 30분

더덕구이 : 30분

두부조림 :

초・볶음류 마른반찬

홍합초 : 20분

오징어볶음 : 30분

북어보푸라기 : 20분

생채・숙채류

무생채 : 15분

도라지생채 : 15분

더덕생채 : 20분

겨자채 : 35분

탕평채 : 35분

잡채 : 35분

칠절판 : 40분

회류

미나리강회 : 35분

육회 : 20분

장아찌・김치류

무숙장아찌 : 25분

오이숙장아찌 : 25분

보쌈김치 : 35분

오이소박이 : 20분

떡・다과류

화전 : 20분

매작과 : 30분

배숙 : 30분

비빔밥

시험시간 : 50분

요구사항

※ 주어진 재료를 사용하여 다음과 같이 비빔밥을 만드시오.

① 채소, 소고기, 황 · 백지단의 크기는 0.3cm×0.3cm×5cm 로 한다.
(단, 지급된 재료의 크기에 따라 가감한다.)

② 호박은 돌려 깎기 하여 0.3cm×0.3cm×5cm 로 한다.

③ 청포묵의 크기는 0.5cm×0.5cm×5cm 로 한다.

④ 밥을 담은 위에 준비된 재료들을 색 맞추어 돌려 담는다.

⑤ 볶은 고추장을 완성된 밥 위에 얹어 낸다.

수험자 유의사항

▷ 밥을 질지 않게 짓는다.

▷ 지급된 소고기는 고추장 볶음과 고명으로 나누어 사용한다.

▷ 조리작품 만드는 순서는 틀리지 않게 하여야 한다.

▷ 숙련된 기능으로 맛을 내야하므로 조리 작업시 음식의 맛을 보지 않는다.

공통사항

채점대상에서 제외되는 경우

▷ 가스렌지 화구 2개 이상 사용한 경우

▷ 불을 사용하여 만든 조리작품이 작품특성에 벗어나는 정도로 타거나 익지 않은 것

▷ 오작 : 요리의 형태를 다르게 만들거나 해당과제의 지급재료 이외의 재료를 사용한 경우

▷ 미완성 : 문제의 요구사항대로 작품의 수량이 만들어지지 않은 경우, 요구작품 두 가지 중 한 가지 작품만 만들었을 경우, 주어진 시간 내에 완성하지 못한 경우

재료 및 분량

재료	분량
쌀(30분정도 물에 불린 쌀)	150g
애호박(중, 길이 6cm)	60g
도라지	20g
고사리	30g
청포묵(중, 길이 6cm)	40g
소고기(살코기)	30g
달걀	1개
건다시마(5×5cm)	1장
대파(흰 부분 4cm정도)	1토막
마늘(중, 깐 것)	2쪽
고추장	40g
진간장	15㎖
백설탕	15g
소금	10g
깨소금	5g
식용유	30㎖
검은후춧가루	1g
참기름	5m

❖ 만드는 법

① 주어진 재료는 깨끗이 정리하고 파 · 마늘을 곱게 다진다.

② 쌀은 씻어 불린 후 동량의 물을 붓고 고슬고슬하게 밥을 짓는다.

③ 호박은 돌려 깎기 하여 0.3cm×0.3cm×5cm 로 채 썰어 소금에 살짝 절인다음 물기를 제거 한다.

④ 도라지는 껍질을 제거한 후 0.3cm×0.3cm×5cm 로 채 썰어 소금으로 주물러 쓴 맛을 뺀 다음 물기를 제거한다.

⑤ 청포묵은 0.5cm×0.5cm×5cm 로 채 썰어 끓는 물에 데쳐 낸 다음 소금 · 참기름을 넣고 무친다.

⑥ 고사리는 질긴 줄기를 다듬어 5cm 길이로 잘라 양념한다.

⑦ 소고기는 2/3는 0.3cm×0.3cm×5cm 로 채 썰어 양념(다진 파 · 마늘, 간장, 설탕, 참기름, 후춧가루)을 하고 나머지는 곱게다져 약고추장용으로 사용한다.

⑧ 달걀은 황 · 백 지단을 부쳐 0.3cm×0.3cm×5cm 로 채 썬다.

⑨ 팬에 기름을 넉넉히 두르고 다시마를 넣어 튀긴 후 잘게 부순다.

⑩ 팬에 도라지, 호박, 고사리, 소고기 순으로 볶아 낸다.

⑪ 팬에 다진 소고기를 볶다가 고추장과 설탕을 넣어 볶는다.

⑫ 그릇에 밥을 담고 준비한 재료들을 색 맞추어 보기 좋게 담고 약고추장과 튀긴 다시마를 얹어 낸다.

재료 ▲

달걀지단 ▲

애호박 볶기 ▲

다시마 볶기 ▲

소고기 약고추장 볶기 ▲

❖ 조리순서

밥짓기 ➔ 호박, 도라지, 청포묵, 고사리, 소고기손질 ➔ 달걀지단 ➔ 다시마튀기기 ➔ 도라지, 호박, 고사리, 소고기 볶기 ➔ 약고추장 볶기 ➔ 담기

❖ Tip

▷ 밥은 불린 쌀과 물의 비율을 동량으로 맞추면 적당하다.

▷ 밥짓기는 불조절을 센불에서 중간불, 약한불로 조절하여 밥을 지어야 타거나 눋지 않는다.

▷ 팬은 흰색나물에서 소고기 순으로 볶아낸다.

❖ 실습 후 확인 사항

▶ 청포묵은 끓는 물에 데쳐서 소금, 참기름으로 무쳤는가?

예 □ 아니오 □

▶ 소고기의 일부를 다져서 약고추장에 사용했는가?

예 □ 아니오 □

▶ 팬의 사용은 흰색나물에서 약고추장 볶는 순으로 사용했는가?

예 □ 아니오 □

콩나물밥

시험시간 : 40분

요구사항

※ 주어진 재료를 사용하여 다음과 같이 콩나물밥을 만드시오.

① 콩나물은 꼬리를 다듬고 소고기는 채 썰어 간장양념을 하시오.

② 쌀과 함께 밥을 지어 전량 제출하시오.

수험자 유의사항

▷ 콩나물 손질 시 폐기량이 많지 않도록 한다.

▷ 소고기는 굵기와 크기에 유의한다.

▷ 밥물 및 불조절과 완성된 밥의 상태에 유의한다.

▷ 조리작품 만드는 순서는 틀리지 않게 하여야 한다.

▷ 숙련된 기능으로 맛을 내야하므로 조리 작업시 음식의 맛을 보지 않는다.

재료 및 분량

쌀(30분정도 물에 불린 것)	150g
콩나물	60g
소고기(살코기)	30g
대파(흰 부분 4cm 정도)	1/2토막
마늘(중, 깐 것)	1쪽
진간장	5mℓ
참기름	5mℓ

공통사항

채점대상에서 제외되는 경우

▷ 가스렌지 화구 2개 이상 사용한 경우
▷ 불을 사용하여 만든 조리작품이 작품특성에 벗어나는 정도로 타거나 익지 않은 것
▷ 오작 : 요리의 형태를 다르게 만들거나 해당과제의 지급재료 이외의 재료를 사용한 경우
▷ 미완성 : 문제의 요구사항대로 작품의 수량이 만들어지지 않은 경우, 요구작품 두 가지 중 한 가지 작품만 만들었을 경우, 주어진 시간 내에 완성하지 못한 경우

❖ 만드는 법

① 주어진 재료는 깨끗이 정리하고 파 · 마늘을 곱게 다진다.

② 콩나물은 꼬리와 껍질을 다듬고 깨끗하게 씻어 놓는다.

③ 소고기는 결대로 곱게 채 썰어 양념장으로 양념하여 놓는다.

④ 불린 쌀과 동량의 물을 넣고 그 위에 콩나물과 소고기를 얹어 끓인 다음 뜸을 충분히 들여 밥이 잘 퍼지게 한다.

⑤ 밥이 뜸이 들면 골고루 섞어서 그릇에 담아낸다.

재료 ▲

콩나물 다듬기 ▲

소고기 썰기 ▲

콩나물밥 준비 ▲

밥짓기 ▲

❖ 조리순서

쌀 씻기 ➔ 콩나물 다듬기 ➔ 소고기 채 썰어 양념하기 ➔ 냄비에 쌀, 콩나물, 소고기 순으로 넣어 밥짓기 ➔ 담기

❖ Tip

▷ 밥은 불린 쌀과 물의 비율을 동량으로 맞추면 적당하다.

▷ 밥짓기는 불조절을 센불에서 중간불, 약한불로 조절하여 밥을 고슬고슬하게 짓도록 하며 타거나 눋지 않도록 한다.

▷ 콩나물은 끓기 전에 뚜껑을 열면 비린내가 나므로 주의해야 한다.

❖ 실습 후 확인 사항

▶ 콩나물은 꼬리와 껍질을 제거하여 사용했는가?

예 □ 아니오 □

▶ 소고기는 양념하여 사용했는가?

예 □ 아니오 □

▶ 밥은 타거나 눋지 않고 고슬고슬하게 잘 지었는가?

예 □ 아니오 □

장국죽

시험시간 : 30분

요구사항

※ 주어진 재료를 사용하여 다음과 같이 장국죽을 만드시오.

① 불린 쌀을 반 정도로 싸라기를 만들어 죽을 쑤시오.

② 소고기는 다지고 불린 표고는 3cm 정도의 길이로 채 써시오.
(단, 지급된 재료의 크기에 따라 가감한다.)

수험자 유의사항

▷ 다진 소고기와 표고버섯을 볶은 다음 쌀을 넣어 다시 볶다가 물을 붓는다.
▷ 쌀과 국물이 잘 어우러지도록 쑨다.
▷ 간을 맞추는 시기에 유의한다.
▷ 조리작품 만드는 순서는 틀리지 않게 하여야 한다.
▷ 숙련된 기능으로 맛을 내야하므로 조리 작업시 음식의 맛을 보지 않는다.

재료 및 분량

재료	분량
쌀(30분 정도 물에 불린 쌀)	100g
소고기(살코기)	20g
건 표고버섯 (지름 5cm 정도 물에 불린 것)	1개
대파(흰 부분 4cm 정도)	1토막
마늘(중, 깐 것)	1쪽
진간장	15㎖
깨소금	5g
참기름	10㎖
검은후춧가루	1g

공통사항

채점대상에서 제외되는 경우
▷ 가스렌지 화구 2개 이상 사용한 경우
▷ 불을 사용하여 만든 조리작품이 작품특성에 벗어나는 정도로 타거나 익지 않은 것
▷ 오작 : 요리의 형태를 다르게 만들거나 해당과제의 지급재료 이외의 재료를 사용한 경우
▷ 미완성 : 문제의 요구사항대로 작품의 수량이 만들어지지 않은 경우, 요구작품 두 가지 중 한 가지 작품만 만들었을 경우, 주어진 시간 내에 완성하지 못한 경우

❖ 만드는 법

① 주어진 재료는 깨끗이 정리하고 파 · 마늘을 곱게 다진다.

② 불린 쌀은 냄비에 담고 방망이로 싸라기 정도로 잘 빻아 놓는다.

③ 소고기는 곱게 다진다.

④ 표고버섯은 미지근한 물에 불려 물기를 제거하고 얇게 포를 뜬 다음 3cm 길이로 곱게 채 썬다.

⑤ 다진 고기와 채 썬 표고버섯은 간장, 참기름, 후춧가루, 파, 마늘로 양념한다.

⑥ 냄비에 참기름을 두르고 소고기와 표고버섯을 넣고 볶다가 빻아 놓은 쌀을 넣고 볶는다.

⑦ 쌀이 투명해질 때가지 볶은 후 쌀 분량의 5~6배의 물을 넣고 중불에서 눌어붙지 않도록 저어가면서 끓인다.

⑧ 쌀이 퍼지면 간장과 소금으로 색과 간을 맞추고 그릇에 담아낸다.

재료 ▲

쌀 빻기 ▲

버섯자르기 ▲

소고기볶기 ▲

쌀 첨가 ▲

❖ 조리순서

쌀 불리기 ➔ 불린 쌀 빻기 ➔ 소고기 다지기 ➔ 표고버섯 불려 채썰기 ➔ 다진 고기, 채썬 표고버섯 양념하기 ➔ 소고기, 표고버섯 볶기 ➔ 쌀 볶기 ➔ 물(5~6배)붓고 끓이기 ➔ 간장과 소금 간하기 ➔ 그릇 담기

❖ Tip

▷ 죽은 쌀과 물의 비울을 1:5~6배로 넣고 끓여 만든다.

▷ 죽을 미리 끓여 놓으면 밥알이 수분을 흡수해서 농도가 되직하게 되므로 제출 직전에 농도를 잘 맞추어 적당한 양을 담아낸다.

▷ 죽의 간은 마지막에 맞추어야 삭지 않는다.

▷ 표고버섯을 불릴 때 설탕을 넣으면 빨리 불릴 수 있다.

❖ 실습 후 확인 사항

▶ 불린 쌀은 싸라기 정도로 잘 빻았는가?

예 □ 아니오 □

▶ 다진 소고기와 표고버섯은 양념하여 사용 했는가?

예 □ 아니오 □

▶ 죽은 충분히 퍼지고 적당한 농도로 끓였는가?

예 □ 아니오 □

▶ 죽의 간은 간장과 소금으로 색깔과 간을 맞추었는가?

예 □ 아니오 □

국수장국

시험시간 : 30분

요구사항

※ 주어진 재료를 사용하여 다음과 같이 국수장국을 만드시오.

① 고명(호박 돌려 깎기, 황 · 백 지단, 석이버섯)의 크기는 0.2cm×0.2cm×5cm 로 만드시오.(단, 지급된 재료의 크기에 따라 가감한다.)

② 국수에 1.5배 분량의 장국을 붓고 오색 고명을 담아내시오.

③ 소고기는 육수를 내고 삶은 고기는 0.2cm×0.2cm×5cm 로 채 썰어 고명으로 얹으시오.

수험자 유의사항

▷ 각 고명은 길이와 굵기가 일정하게 하고 색깔이 선명하게 나도록 준비한다.

▷ 국수가 불지 않도록 작업순서에 유의한다.

▷ 조리작품 만드는 순서는 틀리지 않게 하여야 한다.

▷ 숙련된 기능으로 맛을 내야하므로 조리 작업시 음식의 맛을 보지 않는다.

재료 및 분량

재료	분량
소면	80g
소고기(살코기)	50g
달걀	1개
애호박(중, 길이 6cm)	60g
석이버섯(부서지지 않은 것 마른 것)	5g
실고추	1g
대파(흰 부분 4cm 정도)	1토막
마늘(중, 깐 것)	1쪽
진간장	10mℓ
소금	5g
식용유	5mℓ
참기름	5mℓ

공통사항

채점대상에서 제외되는 경우

▷ 가스렌지 화구 2개 이상 사용한 경우

▷ 불을 사용하여 만든 조리작품이 작품특성에 벗어나는 정도로 타거나 익지 않은 것

▷ 오작 : 요리의 형태를 다르게 만들거나 해당과제의 지급재료 이외의 재료를 사용한 경우

▷ 미완성 : 문제의 요구사항대로 작품의 수량이 만들어지지 않은 경우, 요구작품 두 가지 중 한 가지 작품만 만들었을 경우, 주어진 시간 내에 완성하지 못한 경우

만드는 법

① 주어진 재료는 깨끗이 정리하여 놓는다.

② 소고기는 찬물에 넣고 핏물을 뺀 후 파, 마늘을 넣어 삶아 건져내고, 육수는 면보에 걸러 맑은 육수를 준비해 간장과 소금으로 간을 해놓고, 고기 덩어리는 면보로 잘 싸서 눌러 놓는다.

③ 소고기 편육은 0.2cm×0.2cm×5cm 로 채 썰어 놓는다.

④ 호박은 돌려 깎기 하여 0.2cm×0.2cm×5cm 채 썰어 소금에 절였다가 물기를 제거한다.

⑤ 석이버섯은 미지근한 물에 불린 후 이끼와 돌을 손질하여 돌돌 말아 채 썬다.

⑥ 달걀은 황 · 백으로 지단을 부쳐 0.2cm×0.2cm×5cm 로 채 썰어 놓고, 실고추는 2cm 로 채 썬다.

⑦ 팬에 기름을 두르고 호박, 석이버섯을 볶아 식힌다.

⑧ 충분한 양의 끓는 물에 국수를 삶아 찬물에 헹구어 사리를 지어 놓는다.

⑨ 그릇에 국수사리를 담고 호박, 소고기편육, 황 · 백지단 석이버섯, 실고추를 고명으로 올린 다음 국수의 1.5배의 뜨거운 장국을 붓는다.

재료 ▲

소고기 육수 내기 ▲

호박채 볶기 ▲

국수 삶기 ▲

국수 꽈리만들기 ▲

조리순서

소고기 육수 내기 ➔ 육수 걸러 놓기 ➔ 편육 채 썰기 ➔ 호박 돌려 깎은 후 채썰어 소금절이기 ➔ 석이버섯 채썰기 ➔ 황 · 백 지단 만들어 채썰기 ➔ 실고추 채썰기 ➔ 호박, 석이버섯 볶기 ➔ 국수 삶아 사리 만들기 ➔ 그릇에 담아 호박, 소고기, 황 · 백 지단, 석이버섯, 실고추 고명 얹기 ➔ 장국 붓기

Tip

▷ 찬물에 고기를 넣고 끓여 육수를 만든다.
▷ 국수는 강한 불에서 삶다가 끓어오르면 찬물을 2~3번 넣어가면서 삶는다.
▷ 장국과 고명을 준비한 다음 국수를 삶는다.

실습 후 확인 사항

▶ 소고기 장국은 간장과 소금으로 색깔과 간을 맞추고 덩어리는 편육으로 썰어 사용하였는가?
예 □ 아니오 □

▶ 국수는 투명하게 잘 삶아졌는가?
예 □ 아니오 □

▶ 삶은 국수는 사리를 잘 지었는가?
예 □ 아니오 □

▶ 국수의 1.5배의 장국을 사용하였는가?
예 □ 아니오 □

비빔국수

시험시간 : 30분

요구사항

※ 주어진 재료를 사용하여 다음과 같이 비빔국수를 만드시오.

① 소고기, 표고버섯, 오이는 각각 두께와 폭이 0.3cm, 길이가 5cm 되게 채로 썰어 양념하여 볶으시오.

② 황 · 백 지단은 0.2cm×0.2cm×5cm 채로 썰어 고명으로 준비하시오.
(단, 석이버섯의 길이는 지급된 재료에 따라 가감한다.)

③ 실고추와 석이버섯은 채로 썰어 고명으로 준비하시오.

수험자 유의사항

▷ 국수는 불지 않도록 삶는다.
▷ 국수를 비빌 때 간장으로 간을 맞춘다.
▷ 고명을 색 맞추어 조화 있게 얹는다.
▷ 조리작품 만드는 순서는 틀리지 않게 하여야 한다.
▷ 숙련된 기능으로 맛을 내야하므로 조리 작업시 음식의 맛을 보지 않는다.

공통사항	
채점대상에서 제외되는 경우	▷ 가스렌지 화구 2개 이상 사용한 경우 ▷ 불을 사용하여 만든 조리작품이 작품특성에 벗어나는 정도로 타거나 익지 않은 것 ▷ 오작 : 요리의 형태를 다르게 만들거나 해당과제의 지급재료 이외의 재료를 사용한 경우 ▷ 미완성 : 문제의 요구사항대로 작품의 수량이 만들어지지 않은 경우, 요구작품 두 가지 중 한 가지 작품만 만들었을 경우, 주어진 시간 내에 완성하지 못한 경우

재료 및 분량

재료	분량
소면	70g
소고기(살코기)	30g
건 표고버섯 (지름 5cm 정도 물에 불린 것)	1개
오이(가늘고 곧은 것 20cm 정도)	1/4개
석이버섯(부서지지 않은 것 마른 것)	5g
달걀	1개
실고추	1g
대파(흰 부분 4cm 정도)	1토막
마늘 중(깐 것)	2쪽
진간장	5mℓ
백설탕	5g
소금	10g
깨소금	5g
식용유	20mℓ
참기름	5mℓ
검은후춧가루	1g

❖ 만드는 법

① 주어진 재료는 깨끗이 정리하고 파 · 마늘은 곱게 다진다.

② 오이는 5cm 길이로 썰어 돌려 깎기 한 후 폭 0.3cm 로 채 썬 다음 소금에 절여 물기를 꼭 짠다.

③ 표고버섯은 미지근한 물에 설탕을 넣고 불린 다음 기둥을 자르고 5cm 길이로 얇게 저며 폭 0.3cm 로 채 썰어 간장, 설탕, 깨소금, 파, 마늘, 참기름, 후추로 양념해 놓는다.

④ 석이버섯은 미지근한 물에 불려 손질한 후 돌돌 말아 채 썰어 소금, 참기름으로 밑간을 해 두고 실고추도 2cm 정도로 잘라 준비한다.

⑤ 소고기는 길이 5cm 폭 0.3cm 로 가늘게 채를 썬 후 간장, 설탕, 파, 마늘, 깨소금, 참기름, 후추로 양념한다.

⑥ 달걀은 황 · 백으로 지단을 부쳐 0.2cm×0.2cm×5cm 로 채를 썰어 고명으로 준비한다.

⑦ 팬에 기름을 두르고 오이, 석이버섯, 표고버섯, 소고기 순으로 볶아 낸다.

⑧ 물이 끓으면 국수를 삶아 찬 물에 헹군 후 물기를 빼서 간장, 설탕, 참기름을 넣어 버무린 다음, 소고기, 표고버섯, 오이를 넣어 버무린다.

⑨ 그릇에 비빔국수를 담고 황 · 백 지단, 석이버섯채, 실고추를 고명으로 얹어 놓는다.

재료 ▲

오이 돌려깎기 ▲

표고버섯 볶기 ▲

국수 삶기 ▲

국수 비비기 ▲

❖ 조리순서

오이 돌려 깎은 후 채 썰어 절이기 ➔ 표고버섯, 석이버섯, 소고기 채 썰어 양념하기 ➔ 황 · 백지단 부치기 ➔ 오이, 석이버섯, 표고버섯, 소고기 볶기 ➔ 국수 삶아 버무리기 ➔ 비빔국수 그릇 담기 ➔ 황 · 백지단, 석이버섯, 실고추 고명 얹기

❖ Tip

▷ 국수는 삶아 낸 후 불지 않게 간장, 설탕, 참기름으로 밑간을 한다.

▷ 채소는 국수의 굵기와 맞춰 고르게 썬다.

▷ 국수는 강한 불에서 삶다가 끓어오르면 찬물을 2~3번 넣어가면서 삶는다.

▷ 재료를 볶을 때는 양념이 안 된 것에서 양념이 된 것 순으로 볶아 조리시간을 단축 한다.

❖ 실습 후 확인 사항

▶ 채소와 고명의 썰기는 일정한 크기로 썰었는가?

예 □ 아니오 □

▶ 국수 삶아 간장, 설탕, 참기름으로 밑간을 하였는가?

예 □ 아니오 □

▶ 국수를 담고 고명을 얹어 냈는가?

예 □ 아니오 □

칼국수

시험시간 : 30분

❖ 요구사항

※ 주어진 재료를 사용하여 다음과 같이 칼국수를 만드시오.

① 국수의 굵기와 두께가 0.1cm 정도, 폭은 0.2cm 가 되도록 하시오.

② 애호박은 돌려 깎기하고, 표고버섯은 채 썰어 볶아 실고추와 함께 고명으로 사용하시오.

③ 국수와 국물의 비율은 1:2 정도가 되도록 하시오.

❖ 수험자 유의사항

▷ 주어진 밀가루로 밀가루 반죽과 덧 가루용으로 적절히 사용하고 밀가루 반죽 정도에 유의한다.

▷ 국수의 굵기와 두께가 일정하도록 한다.

▷ 멸치 다시를 내어 맑게 처리하고, 고명의 색에 유의한다.

▷ 조리작품 만드는 순서는 틀리지 않게 하여야 한다.

▷ 숙련된 기능으로 맛을 내야하므로 조리 작업시 음식의 맛을 보지 않는다.

▷ 국물이 탁하지 않도록 유의한다.

공통사항	채점대상에서 제외되는 경우	▷ 가스렌지 화구 2개 이상 사용한 경우 ▷ 불을 사용하여 만든 조리작품이 작품특성에 벗어나는 정도로 타거나 익지 않은 것 ▷ 오작 : 요리의 형태를 다르게 만들거나 해당과제의 지급재료 이외의 재료를 사용한 경우 ▷ 미완성 : 문제의 요구사항대로 작품의 수량이 만들어지지 않은 경우, 요구작품 두 가지 중 한 가지 작품만 만들었을 경우, 주어진 시간 내에 완성하지 못한 경우

❖ 재료 및 분량

재료	분량
밀가루(중력분)	100g
멸치 장국용(대)	20g
애호박(중, 길이 6cm)	60g
건 표도버섯 (지름 5cm 정도 물에 불린 것)	1개
실고추	1g
대파(4cm 정도 흰 부분)	1토막
마늘 중(깐 것)	1쪽
진간장	5㎖
백설탕	5g
소금	5g
국간장	5㎖
식용유	10㎖
참기름	5㎖

❖ 만드는 법

① 주어진 재료는 깨끗이 정리하고 파 · 마늘은 곱게 다진다.

② 밀가루는 체에 내린 후 덧 가루용을 남기고 밀가루에 소금물을 넣어가면서 반죽하여 젖은 면보로 반죽이 마르지 않도록 덮어둔다.

③ 멸치는 머리와 내장을 제거하여 찬 물에 마늘과 파를 넣어 끓여서 면보에 걸러 육수를 만들어 놓는다.

④ 호박은 돌려 깎아 채 썬 후 소금에 절인 다음 물기를 제거한다.

⑤ 표고버섯은 미지근한 물에 불려 채 썰어 간장, 설탕, 파, 마늘, 깨소금, 후춧가루, 참기름으로 양념한다.

⑥ 실고추는 2cm 로 자른다.

⑦ 팬에 기름을 두르고 호박, 표고버섯 순으로 볶아 낸다.

⑧ 밀가루 반죽은 덧 가루를 사용하여 두께 0.1cm 정도로 얇게 밀어 폭은 0.2cm 가 되도록 채를 썰어 서로 붙지 않게 준비한다.

⑨ 육수가 끓으면 간장과 소금으로 색과 간을 맞춘 후 채를 썬 칼국수를 넣고 저어가면서 끓인다.

⑩ 칼국수와 국물을 그릇에 담고 호박, 표고버섯, 실고추를 고명으로 얹어 낸다.

재료 ▲

멸치 손질 ▲

멸치 육수 만들기 ▲

칼국수 썰기 ▲

칼국수 삶기 ▲

❖ 조리순서

밀가루반죽하기 ➔ 육수 끓이기 ➔ 호박 돌려 깎은 후 채썰어 소금에 절이기 ➔ 표고버섯 양념하기 ➔ 실고추 자르기 ➔ 호박, 표고버섯 볶기 ➔ 밀가루 반죽 밀어 채 썰기 ➔ 칼국수 삶기 ➔ 그릇에 칼국수와 국물을 담고 호박, 표고버섯, 실고추 고명 얹기

❖ Tip

▷ 밀가루는 덧 가루용을 남기고 반죽의 농도는 약간 되직하게 하는 것이 좋다.

▷ 칼국수는 덧기루를 털이내고 끓인다.

▷ 멸치는 비린내가 나지 않도록 냄비 뚜껑을 열고 육수를 끓인다.

❖ 실습 후 확인 사항

▶ 밀가루 사용시 반죽용과 덧 가루용을 나누어 사용했는가?

예 □ 아니오 □

▶ 멸치는 내장과 머리 제거 후 찬물에서 육수를 내고 면보에 걸러서 준비했는가?

예 □ 아니오 □

▶ 칼국수는 규격에 맞게 썰었는가?

예 □ 아니오 □

▶ 칼국수는 간장과 소금으로 색깔과 간을 맞추었는가?

예 □ 아니오 □

만둣국

시험시간 : 45분

❖ 요구사항

※ 주어진 재료를 사용하여 다음과 같이 만둣국을 만드시오.

① 만두피는 지름 8cm의 둥근 모양으로 하여, 5개를 만드시오.

② 달걀은 황 · 백 지단, 미나리 초대를 고명으로 한다.
〈완자(마름모꼴)모양〉

❖ 수험자 유의사항

▷ 만두피는 일정한 크기로 얇게 밀도록 한다.

▷ 지급된 고기는 육수와 만두속 재료로 사용한다.

▷ 끓일 때 터지지 않도록 유의하고 만두속은 잘 익어야 한다.

▷ 조리작품 만드는 순서는 틀리지 않게 하여야 한다.

▷ 숙련된 기능으로 맛을 내야하므로 조리 작업시 음식의 맛을 보지 않는다.

▷ 국물이 탁하지 않도록 유의한다.

❖ 재료 및 분량

재료	분량
밀가루(중력분)	60g
소고기(살코기)	60g
두부	50g
숙주(생것)	30g
배추김치	40g
달걀	1개
미나리(줄기부분)	20g
대파(흰 부분 4cm 정도)	1토막
마늘 중(깐 것)	2쪽
소금	5g
국간장	5mℓ
깨소금	5g
식용유	5mℓ
참기름	10mℓ
검은 후춧가루	2g

공통사항

채점대상에서 제외되는 경우

▷ 가스렌지 화구 2개 이상 사용한 경우
▷ 불을 사용하여 만든 조리작품이 작품특성에 벗어나는 정도로 타거나 익지 않은 것
▷ 오작 : 요리의 형태를 다르게 만들거나 해당과제의 지급재료 이외의 재료를 사용한 경우
▷ 미완성 : 문제의 요구사항대로 작품의 수량이 만들어지지 않은 경우, 요구작품 두 가지 중 한 가지 작품만 만들었을 경우, 주어진 시간 내에 완성하지 못한 경우

만드는 법

① 주어진 재료는 깨끗이 정리하고 파 · 마늘은 곱게 다진다.

② 덧가루용 밀가루는 조금 남겨두고 밀가루에 소금물을 넣고 반죽하여 젖은 면보로 반죽이 마르지 않도록 덮어 둔다.

③ 소고기의 일부는 핏물을 제거하여 찬물에 파, 마늘을 넣어 육수를 만들고 일부는 곱게 다진다.

④ 숙주는 소금물에 데쳐 물기를 꼭 짠 다음 잘게 다진다.

⑤ 두부는 면보를 이용하여 물기를 짜고 으깬다.

⑥ 김치는 속을 털어내고 곱게 다져 물기를 꼭 짠다.

⑦ 소고기, 두부, 숙주, 김치를 섞어 소금, 깨소금, 다진파, 마늘, 후춧가루, 참기름으로 양념하여 만두소를 만든다.

⑧ 달걀은 황 · 백지단을 부쳐 마름모꼴로 썰고, 미나리는 줄기부분만 양 끝에 꼬치를 꽂아 밀가루, 달걀노른자를 묻혀 미나리 초대를 만들어 마름모꼴로 썬다.

⑨ 밀가루 반죽은 밀대로 밀어 얇고 둥글게 지름 8cm의 둥근 모양의 만두피를 만든다.

⑩ 만두피에 만두소를 넣고 반으로 접어 양 끝을 붙여서 둥근모양의 만두 5개를 빚는다.

⑪ 육수를 끓여 간장과 소금으로 색과 간을 맞추고 만두를 넣고 끓인 후 만두가 떠오르면 그릇에 만두와 육수를 담고 달걀 황 · 백 지단, 미나리 초대를 고명으로 띄워낸다.

재료 ▲

만두소 준비 ▲

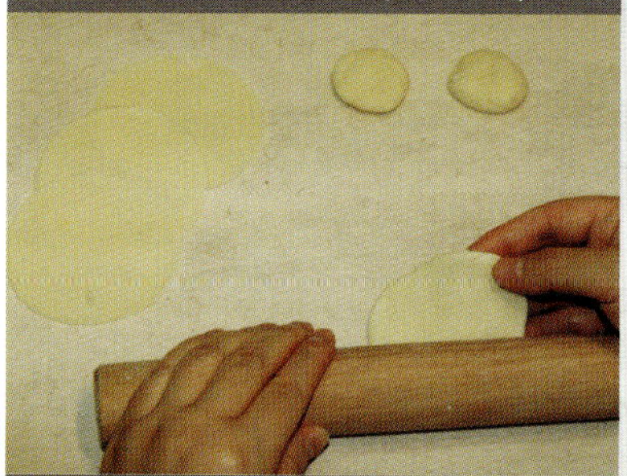

만두피 만들기 ▲

만두 빚기 ▲

만두 끓이기 ▲

조리순서

밀가루 반죽하기 ➔ 육수 끓이기 ➔ 숙주 데치서 다지기 ➔ 두부 으깨기 ➔ 김치 다지기 ➔ 만두소 만들어 양념하기 ➔ 달걀 황 · 백지단, 미나리 초대 만들기 ➔ 만두피 만들기 ➔ 만두 빚기 ➔ 만두 끓이기 ➔ 그릇에 담아 황 · 백지단, 미나리 초대 고명 얹기

Tip

▷ 만두소의 재료는 물기를 충분히 제거하여 질지 않도록 한다.

▷ 만두피는 고르고 얇게 밀어 만든다.

▷ 만둣국을 끓일때는 냄비를 흔들어주어야 냄비 바닥에 만두가 달라붙지 않는다.

▷ 만둣국을 센불에서 끓이면 만두속이 터지거나 국물이 탁해지므로 중불에서 끓인다.

실습 후 확인 사항

▶ 밀가루 사용시 반죽용과 덧 가루용을 나누어 사용했는가?

예 □ 아니오 □

▶ 만두소는 물기를 제거하여 준비하였는가?

예 □ 아니오 □

▶ 만두피는 규격에 맞게 밀었는가?

예 □ 아니오 □

▶ 육수는 간장과 소금으로 색깔과 간을 맞추었는가?

예 □ 아니오 □

완자탕

시험시간 : 30분

요구사항

※ 주어진 재료를 사용하여 다음과 같이 완자탕을 만드시오.

① 완자는 직경 3cm 정도로 6개를 만들고 국 국물의 양은 200㎖ 정도로 하시오.

② 고명으로 황 · 백 지단(마름모꼴)을 띄우시오.

수험자 유의사항

▷ 고기 부위의 사용 용도에 유의하고, 육수 국물을 맑게 처리하여 양에 유의한다.

▷ 주어진 달걀을 지단용과 완자용으로 분리하여 사용한다.

▷ 조리작품 만드는 순서는 틀리지 않게 하여야 한다.

▷ 숙련된 기능으로 맛을 내야하므로 조리 작업시 음식의 맛을 보지 않는다.

재료 및 분량

재료	분량
소고기(살코기)	50g
소고기(사태부위)	20g
밀가루(중력분)	10g
두부	15g
달걀	1개
대파(흰 부분 4cm 정도)	1/2토막
마늘 중(깐 것)	2쪽
식용유	20㎖
소금	10g
백설탕	5g
깨소금	5g
국간장	5㎖
참기름	5㎖
검은 후춧가루	2g
키친타올(종이) 주방용(소 18×20cm)	1장

공통사항	
채점대상에서 제외되는 경우	▷ 가스렌지 화구 2개 이상 사용한 경우 ▷ 불을 사용하여 만든 조리작품이 작품특성에 벗어나는 정도로 타거나 익지 않은 것 ▷ 오작 : 요리의 형태를 다르게 만들거나 해당과제의 지급재료 이외의 재료를 사용한 경우 ▷ 미완성 : 문제의 요구사항대로 작품의 수량이 만들어지지 않은 경우, 요구작품 두 가지 중 한 가지 작품만 만들었을 경우, 주어진 시간 내에 완성하지 못한 경우

만드는 법

① 주어진 재료는 깨끗이 정리하고 파 · 마늘은 곱게 다진다.

② 소고기 사태는 씻어 핏물을 제거하고 찬물에 파, 마늘을 넣어 육수를 만들고 살코기는 곱게 다진다.

③ 두부는 면보로 물기를 짜고 칼등을 이용하여 곱게 으깬다.

④ 다진 소고기와 으깬 두부를 섞어 소금, 참기름, 깨소금, 파, 마늘, 후춧가루로 양념하여 잘 치대 직경 3cm 정도로 고기완자 6개를 빚어 놓는다.

⑤ 달걀은 황 · 백으로 나누어 부친 후 마름모꼴로 썰어 놓는다.

⑥ 고기완자에 밀가루, 달걀 노른자를 고기완자에 묻혀 팬에 기름을 두르고 굴려가면서 지져낸다.

⑦ 냄비에 육수를 담고 육수가 끓으면 간장과 소금으로 색과 간을 맞추고 완자를 넣고 완자가 떠오를 때까지 끓인다.

⑧ 완자는 건져내고 육수는 면보에 걸러낸다.

⑨ 그릇에 완자를 넣고 한 컵 분량의 육수를 부은 후 달걀 황 · 백지단을 고명으로 띄워낸다.

재료 ▲

육수 만들기 ▲

두부 으깨기 ▲

완자 만들기 ▲

완자 끓이기 ▲

조리순서

육수 만들기 ➔ 소고기, 두부 손질하여 다지기 ➔ 소고기, 두부 양념하여 완자 빚기 ➔ 달걀 황 · 백지단 부치기 ➔ 완자 지지기 ➔ 완자 끓이기 ➔ 육수 거르기 ➔ 그릇에 담아 달걀 황 · 백지단 고명 얹기

Tip

▷ 고기 완자는 충분히 치대 주어야 표면이 매끄럽다.

▷ 완자를 지질 때 팬에 기름을 적게 두르고 굴려가며 익힌다.

▷ 완자는 팬에서 절반 이상 익혀 육수에 넣고 오래 끓이지 않아야 완자 모양을 유지시킬 수 있고 국물이 탁해지지 않는다.

실습 후 확인 사항

▶ 소고기는 사태와 살코기를 용도에 맞게 사용 했는가?

예 □ 아니오 □

▶ 두부는 곱게 으깼는가?

예 □ 아니오 □

▶ 완자의 크기는 규격에 맞게 일정하게 빚었는가?

예 □ 아니오 □

▶ 완자를 끓여낸 육수는 면보에 걸러서 사용했는가?

예 □ 아니오 □

두부젓국찌개

시험시간 : 20분

요구사항

※ 주어진 재료를 사용하여 다음과 같이 두부젓국찌개를 만드시오.

① 두부는 폭과 길이가 2cm×3cm, 두께가 1cm 되도록 써시오.

② 붉은 고추는 0.5cm×3cm, 실파는 3cm 길이로 써시오.

③ 찌개의 국물은 200㎖ 로 하여 담으시오.

재료 및 분량

두부	100g
생굴(껍질 벗긴 것)	30g
홍고추(생)	1/2개
실파	1뿌리
새우젓	10g
마늘 중(깐 것)	1쪽
소금	5g
참기름	5㎖

수험자 유의사항

▷ 두부와 굴의 익는 정도에 유의한다.

▷ 찌개의 간은 소금과 새우젓으로 하고 국물이 맑고 깨끗하도록 한다.

▷ 조리작품 만드는 순서는 틀리지 않게 하여야 한다.

▷ 숙련된 기능으로 맛을 내야하므로 조리 작업시 음식의 맛을 보지 않는다.

공통사항

채점대상에서 제외되는 경우

▷ 가스렌지 화구 2개 이상 사용한 경우
▷ 불을 사용하여 만든 조리작품이 작품특성에 벗어나는 정도로 타거나 익지 않은 것
▷ 오작 : 요리의 형태를 다르게 만들거나 해당과제의 지급재료 이외의 재료를 사용한 경우
▷ 미완성 : 문제의 요구사항대로 작품의 수량이 만들어지지 않은 경우, 요구작품 두 가지 중 한 가지 작품만 만들었을 경우, 주어진 시간 내에 완성하지 못한 경우

❖ 만드는 법

① 주어진 재료는 깨끗이 정리하고 마늘은 곱게 다진다.

② 굴은 소금물에 흔들어 껍질을 골라내고 체에 걸러 물기를 제거한다.

③ 두부는 폭과 길이 2cm×3cm, 두께 1cm 크기로 썬다.

④ 홍고추는 0.5cm×3cm, 실파는 3cm 크기로 썬다.

⑤ 새우젓은 곱게 다져서 면보에 국물을 짜서 준비해 놓는다.

⑥ 냄비에 물을 넣고 끓으면 소금을 약간 넣고 끓어오르면 두부를 넣는다.

⑦ 굴, 새우젓, 마늘을 넣고 간을 한 후 거품을 제거 하면서 끓이다가 홍고추와 실파를 넣은 후 굴이 부풀어 오르면 불을 끄고 참기름 1~2방울을 떨어뜨린다.

⑧ 그릇에 건더기와 국물을 보기 좋게 담는다.

재료 ▲

재료 썰기 ▲

새우젓 다지기 ▲

두부 넣기 ▲

두부젓국 끓이기 ▲

❖ 조리순서

소금물에 굴 씻기 ➔ 두부 썰기 ➔ 홍고추, 실파 썰기 ➔ 새우젓 국물 준비 ➔ 소금, 두부넣기 ➔ 굴, 새우젓, 마늘 넣기 ➔ 홍고추, 실파 넣기 ➔ 참기름 넣기 ➔ 그릇담기

❖ Tip

▷ 두부젓국찌게는 오래 끓이면 국물이 탁해진다.
▷ 굴은 동그랗게 부풀면 불을 끈다.
▷ 새우젓은 다져서 국물만 사용해야 찌게를 맑게 끓일 수 있다.

❖ 실습 후 확인 사항

▶ 굴은 소금물에 씻어 껍질을 제거 한 후 사용했는가?
예 □ 아니오 □

▶ 두부와 채소는 규격에 맞게 썰었는가?
예 □ 아니오 □

▶ 새우젓은 다져서 면보에 걸러 국물만 사용했는가?
예 □ 아니오 □

▶ 불을 끄고 참기름을 넣었는가?
예 □ 아니오 □

생선찌개

시험시간 : 30분

요구사항

※ 주어진 재료를 사용하여 다음과 같이 생선찌개를 만드시오.

① 생선은 4~5cm 토막으로 자르시오.(생선의 크기에 따라 가감할 수 있다.)
② 무, 두부의 완성된 크기는 2.5cm×3.5cm×0.8cm 정도로 일정하게 만드시오.
③ 호박은 주어진 크기에 따라 0.5cm 두께의 반달형 또는 은행잎모양으로 썰고, 쑥갓과 파는 4cm 길이로 만드시오.
④ 고추는 통 어슷썰기 하시오.
⑤ 고추장, 고춧가루를 사용하여 만드시오.
⑥ 생선머리를 포함하여 전량 제출하시오.

수험자 유의사항

▷ 생선살이 부서지지 않도록 유의한다.
▷ 각 재료의 익히는 순서를 고려하여 끓인다.
▷ 조리작품 만드는 순서는 틀리지 않게 하여야 한다.
▷ 숙련된 기능으로 맛을 내야하므로 조리 작업시 음식의 맛을 보지 않는다.

공통사항

채점대상에서 제외되는 경우
▷ 가스렌지 화구 2개 이상 사용한 경우
▷ 불을 사용하여 만든 조리작품이 작품특성에 벗어나는 정도로 타거나 익지 않은 것
▷ 오작 : 요리의 형태를 다르게 만들거나 해당과제의 지급재료 이외의 재료를 사용한 경우
▷ 미완성 : 문제의 요구사항대로 작품의 수량이 만들어지지 않은 경우, 요구작품 두 가지 중 한 가지 작품만 만들었을 경우, 주어진 시간 내에 완성하지 못한 경우

재료 및 분량

재료	분량
동태 (300g 정도)	1마리
무	30g
애호박	30g
두부	50g
풋고추(길이 5㎝ 이상)	1개
홍고추(생)	1개
실파	2뿌리
쑥갓	10g
마늘 중(깐 것)쪽	2쪽
생강	10g
고추장	30g
고춧가루	10g
소금	10g

❖ 만드는 법

① 주어진 재료는 깨끗이 정리하고 마늘 · 생강은 곱게 다진다.

② 생선은 비늘과 지느러미를 제거 후 잘 씻고 먹을 수 있는 내장을 손질 한 후 4~5cm 길이로 토막 낸다.

③ 무, 두부는 2.5cm×3.5cm×0.8cm 로 썰어 놓는다.

④ 호박은 0.5cm 두께로 반달형 또는 은행잎 모양으로 썬다.

⑤ 쑥갓과 실파는 4cm 길이로 썬다.

⑥ 풋고추, 홍고추는 통으로 어슷 썰어 씨를 제거한다.

⑦ 냄비에 물을 넣고 끓으면 고추장을 풀고 무를 넣어 끓인다.

⑧ 무가 반쯤 익으면 생선을 넣고, 호박과 고춧가루를 넣어 끓이다가 두부, 다진 마늘과 생강을 넣고 소금으로 간을 한다.

⑨ 거품을 걷어내면서 끓이다가 풋고추와 홍고추를 넣고 한소끔 더 끓인다.

⑩ 생선 맛이 우러나면 실파와 쑥갓을 넣고 불을 끈다.

⑪ 그릇에 생선과 건더기는 보기 좋게 담고 국물을 담아낸다.

재료 ▲

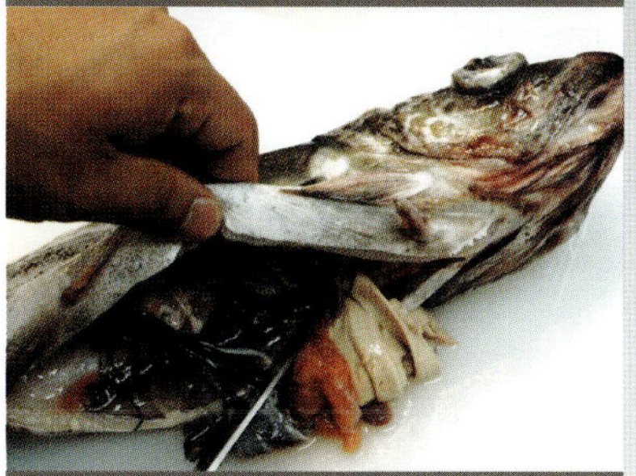
생선 손질 ▲

두부 썰기 ▲

호박 썰기 ▲

생선 넣기 ▲

❖ 조리순서

생선 손질 ➔ 두부 및 채소 썰기 ➔ 끓는 물에 고추장 풀고 무 넣기 ➔ 생선, 호박, 고춧가루, 두부, 마늘, 생강 넣고 소금 간하기 ➔ 풋고추, 홍고추 넣기 ➔ 실파, 쑥갓 넣기 ➔ 그릇담기

❖ Tip

▷ 고추장의 양이 많으면 국물이 텁텁해진다.

▷ 생선은 국물이 끓을 때 넣어야 살이 부서지지 않는다.

▷ 찌개는 국물과 건더기가 3:2로 담는다.

▷ 생강은 마지막에 넣어 비린내를 제거하고 쑥갓은 불을 끄고 넣어 뭉그러지지 않도록 한다.

❖ 실습 후 확인 사항

▶ 생선은 비늘과 지느러미를 제거하고 먹는 부분의 내장은 손질 하였는가?

예 □　　아니오 □

▶ 생선, 두부, 채소는 규격에 맞게 썰었는가?

예 □　　아니오 □

▶ 생선찌개는 고추장, 무, 생선, 호박, 고춧가루, 두부, 마늘, 생강, 풋고추, 홍고추, 실파와 쑥갓 순으로 끓였는가?

예 □　　아니오 □

▶ 거품을 제거하면서 소금으로 간을 맞추었는가?

예 □　　아니오 □

돼지 갈비찜

시험시간 : 30분

요구사항

※ 주어진 재료를 사용하여 다음과 같이 돼지갈비찜을 만드시오.

① 갈비는 찬물에 담아 핏물을 제거하여 사용하시오.

② 감자와 당근은 크기 사방 3cm 정도로 모서리를 다듬어 사용하시오.

③ 갈비는 전량을 국물과 함께 담아 제출하시오.

수험자 유의사항

▷ 갈비가 잘 무르도록 하며 부서지지 않아야 한다.

▷ 부재료인 채소는 잘 익고 형태가 흐트러지지 않아야 하며, 완성품의 색깔에 유의한다.

▷ 조리작품 만드는 순서는 틀리지 않게 하여야 한다.

▷ 숙련된 기능으로 맛을 내야하므로 조리 작업시 음식의 맛을 보지 않는다.

재료 및 분량

재료	분량
돼지갈비(5cm 토막)	300g
감자(150g 정도)	1/2개
홍고추(생)	1개
양파	50g
당근(길이 7cm 정도(중, 곧은 것)	50g
대파 (흰부분 4cm 정도)	1토막
마늘 중(깐 것)	2쪽
생강	10g
진간장	40㎖
백설탕	20g
깨소금	5g
참기름	5㎖
검은 후춧가루	2g

공통사항

채점대상에서 제외되는 경우

▷ 가스렌지 화구 2개 이상 사용한 경우
▷ 불을 사용하여 만든 조리작품이 작품특성에 벗어나는 정도로 타거나 익지 않은 것
▷ 오작 : 요리의 형태를 다르게 만들거나 해당과제의 지급재료 이외의 재료를 사용한 경우
▷ 미완성 : 문제의 요구사항대로 작품의 수량이 만들어지지 않은 경우, 요구작품 두 가지 중 한 가지 작품만 만들었을 경우, 주어진 시간 내에 완성하지 못한 경우

❖ 만드는 법

① 주어진 재료는 깨끗이 정리하고 파 · 마늘 · 생강은 곱게 다진다.

② 돼지갈비는 찬물에 담가 핏물 뺀다.

③ 돼지갈비에 힘줄과 기름기 등을 제거한 뒤 칼집을 넣고 끓는 물에 데친다.

④ 감자와 당근은 사방 3cm 정도로 모서리를 다듬는다.

⑤ 양파는 끝이 붙도록 길이를 등분하고 홍고추는 어슷 썰어 씨를 빼 놓는다.

⑥ 간장, 설탕, 다진파, 다진마늘, 생강즙, 참기름, 깨소금, 후춧가루를 섞어 양념장을 만든다.

⑦ 냄비에 기름을 두르고 홍고추를 볶아 매운맛을 낸 다음 돼지갈비를 넣어 앞뒤로 노릇 하게 지진다.

⑧ 감자와 당근 양념장 1/2과 물을 넣어 센불에서 중불로 익힌다.

⑨ 갈비가 익으면 양파를 넣고 나머지 양념장을 넣고 윤기 나게 졸인다.

⑩ 국물이 2~3큰술 남았을 때 참기름을 넣는다.

⑪ 그릇에 갈비와 채소를 담고 남은 국물을 끼얹는다.

재료 ▲

돼지갈비 손질 ▲

감자, 당근, 모서리 다듬기 ▲

홍고추 어슷썰기 ▲

양념장 넣기 ▲

❖ 조리순서

갈비 핏물빼기 ➔ 끓는 물에 갈비 데치기 ➔ 감자, 당근, 양파, 홍고추 손질하기 ➔ 양념장 만들기 ➔ 홍고추, 돼지갈비 지지기 ➔ 감자, 당근 양념장 1/2넣기 ➔ 양파와 남은 양념장 넣기 ➔ 참기름 넣고 마무리 ➔ 그릇담기

❖ Tip

▷ 갈비는 핏물을 제거한 후 칼집을 넣는다.

▷ 채소는 모서리를 다듬어야 국물이 탁해지지 않는다.

▷ 양념장은 두 번에 나누어서 사용해야 색깔과 양념이 속까지 잘 베인다.

▷ 양파는 뿌리를 주위해서 자르고 너무 무르지 않게 익힌다.

❖ 실습 후 확인 사항

▶ 돼지갈비는 찬물에 핏물을 빼고 기름기를 제거한 후 칼집을 넣었는가?

예 □ 아니오 □

▶ 홍고추를 기름에 볶아 매운맛을 낸 후 돼지갈비를 넣었는가?

예 □ 아니오 □

▶ 국물의 양을 2~3큰술 정도 남겼는가?

예 □ 아니오 □

닭찜

시험시간 : 35분

❖ 요구사항

※ 주어진 재료를 사용하여 다음과 같이 닭찜을 만드시오.

① 닭은 4~5cm 정도로 토막을 내시오.

② 완성된 닭찜은 5토막 이상 제시하시오.

③ 닭은 끓는 물에서 기름을 제거하여 사용하고, 토막 낸 닭은 부서지지 않게 조리한다.

❖ 수험자 유의사항

▷ 닭과 부재료인 채소가 알맞게 익도록 하고 당근은 모서리를 다듬는다.

▷ 지단은 황 · 백으로 분리하여 완자(마름모꼴) 모양으로 만들어 고명으로 사용하시오.

▷ 완성된 닭찜의 색깔에 유의한다.

▷ 조리작품 만드는 순서는 틀리지 않게 하여야 한다.

▷ 숙련된 기능으로 맛을 내야하므로 조리 작업시 음식의 맛을 보지 않는다.

❖ 재료 및 분량

재료	분량
닭(1마리 600g 정도)	1/2마리
양파	50g
당근(길이 7cm 정도, 곧은 것)	50g
건 표고버섯 (지름 5cm정도 물에 불린 것)	1개
달걀	1개
은행(겉껍질 깐 것)	3개
대파(흰부분 4cm 정도)	1토막
진간장	50㎖
백설탕	20g
소금	5g
생강	10g
깨소금	5g
식용유	30㎖
참기름	10㎖
검은 후춧가루	2g

공통사항

채점대상에서 제외되는 경우
▷ 가스렌지 화구 2개 이상 사용한 경우
▷ 불을 사용하여 만든 조리작품이 작품특성에 벗어나는 정도로 타거나 익지 않은 것
▷ 오작 : 요리의 형태를 다르게 만들거나 해당과제의 지급재료 이외의 재료를 사용한 경우
▷ 미완성 : 문제의 요구사항대로 작품의 수량이 만들어지지 않은 경우, 요구작품 두 가지 중 한 가지 작품만 만들었을 경우, 주어진 시간 내에 완성하지 못한 경우

만드는 법

① 주어진 재료는 깨끗이 정리하고 파 · 마늘 · 생강은 곱게 다진다.

② 닭은 기름과 내장을 제거 하고 4~5cm 크기로 토막 내어 끓는 물에 데쳐 기름기를 뺀다.

③ 양파는 3등분하여 썰고, 당근은 밤알 크기로 썰어 모서리를 다듬고, 불린 표고버섯은 큰 것은 4조각, 작은 것은 2조각으로 썬다.

④ 진간장, 설탕, 다진 파, 다진마늘, 생강즙, 참기름, 깨소금, 후춧가루를 넣어 양념장을 만든다.

⑤ 달걀은 황 · 백으로 소금을 약간 넣고 지단을 부쳐 마름모꼴로 썰고, 은행은 팬에 기름을 두르고 소금을 넣어 볶은 후 껍질을 벗긴다.

⑥ 냄비에 닭을 넣고 1/2의 양념장과 물을 붓고 익힌다.

⑦ 닭이 반쯤 익었을 때 당근, 양파, 버섯을 넣고 나머지 양념장을 넣고 졸이다가 참기름과 은행을 넣고 국물이 2~3큰술 남았을 때 마무리 한다.

⑧ 그릇에 닭찜과 국물을 끼얹고 달걀 황 · 백지단과 은행을 고명으로 얹는다.

재료 ▲

닭 데치기 ▲

채소 썰기 ▲

은행 볶기 ▲

양념장 넣기 ▲

조리순서

끓는 물에 닭 데치기 ➔ 양파, 당근, 불린 표고버섯 썰기 ➔ 양념장 만들기 ➔ 달걀 황 · 백지단 만들기 ➔ 은행 볶기 ➔ 닭에 양념장 1/2넣기 ➔ 채소와 남은 양념장 넣기 ➔ 그릇담기 ➔ 달걀 황 · 백지단, 은행 고명 얹기

Tip

▷ 닭은 관절을 이용하여 토막을 낸다.
▷ 당근은 모서리를 다듬어야 익은 후 부서지지 않는다.
▷ 양념장은 두 번에 나누어서 사용해야 색깔과 양념이 속까지 잘 베인다.
▷ 찜을 할 때 거품과 기름기를 걷어내면서 조리하며 국물을 2~3큰술 남긴다.

실습 후 확인 사항

▶ 닭은 기름기와 내장을 제거하고 규격에 맞게 토막 내었는가?
예 □　　아니오 □

▶ 양념장은 두 번 나누어 사용하였는가?
예 □　　아니오 □

▶ 국물의 양을 2~3큰술 정도 남겼는가?
예 □　　아니오 □

▶ 달걀 황 · 백지단 썰기와 은행은 파랗게 볶았는가?
예 □　　아니오 □

북어찜

시험시간 : 25분

❖ 요구사항

※ 주어진 재료를 사용하여 다음과 같이 북어찜을 만드시오.

① 완성된 북어의 길이는 5cm 가 되도록 하시오.

② 북어찜은 3토막 이상을 제시하시오.

❖ 수험자 유의사항

▷ 북어를 다듬을 때 부서지지 않도록 한다.

▷ 북어찜은 딱딱하지 않게 한다.

▷ 조리작품 만드는 순서는 틀리지 않게 하여야 한다.

▷ 숙련된 기능으로 맛을 내야하므로 조리 작업시 음식의 맛을 보지 않는다.

❖ 재료 및 분량

재료	분량
북어포 (반을 갈라 말린 껍질이 있는 것40g)	1마리
대파(흰 부분 4cm 정도)	1토막
마늘 중(깐 것)	2쪽
생강	5g
실고추	1g
진간장	30mℓ
백설탕	10g
깨소금	5g
참기름	5mℓ
검은후춧가루	2g

공통사항

채점대상에서 제외되는 경우

▷ 가스렌지 화구 2개 이상 사용한 경우
▷ 불을 사용하여 만든 조리작품이 작품특성에 벗어나는 정도로 타거나 익지 않은 것
▷ 오작 : 요리의 형태를 다르게 만들거나 해당과제의 지급재료 이외의 재료를 사용한 경우
▷ 미완성 : 문제의 요구사항대로 작품의 수량이 만들어지지 않은 경우, 요구작품 두 가지 중 한 가지 작품만 만들었을 경우, 주어진 시간 내에 완성하지 못한 경우

만드는 법

① 주어진 재료는 깨끗이 정리하고 파 · 마늘 · 생강은 곱게 다진다.

② 북어는 물에 불려 지느러미, 뼈, 머리를 제거하고 6cm 크기로 3토막을 낸 다음 등쪽에 칼집을 넣는다.

③ 대파의 일부는 2cm 로 채 썰어 고명으로 준비하고 실고추도 2cm 로 썰어 준비한다.

④ 간장, 설탕, 다진파, 다진마늘, 생강즙, 참기름, 깨소금, 후춧가루를 넣고 양념장을 만든다.

⑤ 냄비에 북어를 넣고 양념장을 끼얹은 후 물을 부은 후 중 불에서 끓인다.

⑥ 북어에 양념장을 자주 끼얹어 색이 고르게 들고 국물이 2~3큰술 남을 때까지 조린 다음 실고추와 대파 채를 고명으로 올린다.

⑦ 그릇에 북어찜을 담은 후 남은 국물을 끼얹어 낸다.

재료 ▲

북어 손질 ▲

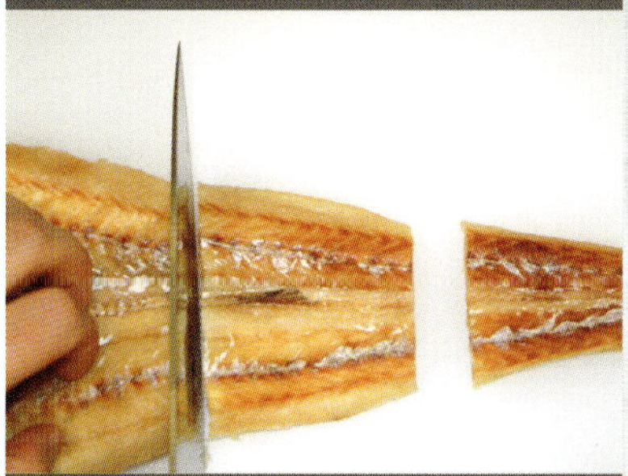

북어 3등분 ▲

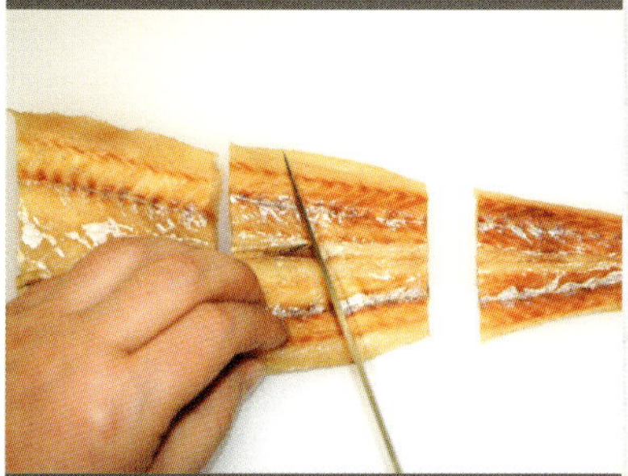

북어 칼집 넣기 ▲

양념장 넣기 ▲

조리순서

북어 지느러미, 뼈, 머리 손질하여 토막내기 ➔ 대파, 실고추 썰기 ➔ 양념장 만들기 ➔ 그릇에 북어 찜하기 ➔ 실고추, 대파채 고명 얹기 ➔ 그릇에 담기

Tip

▷ 북어는 등 쪽에 잔 칼집을 넣어 오그라들지 않게 한다.
▷ 찜을 하면서 국물을 자주 끼얹어 색깔과 양념이 골고루 배이도록 한다.
▷ 찜에 국물을 2~3큰술 남긴다.

실습 후 확인 사항

▶ 북어는 지느러미, 뼈, 머리를 제거하고 규격에 맞게 토막 내었는가?
예 □ 아니오 □

▶ 북어 등 쪽에 잔 칼집을 넣었는가?
예 □ 아니오 □

▶ 북어찜을 할 때 양념장을 골고루 끼얹어 색과 양념이 골고루 베이도록 하였는가?
예 □ 아니오 □

▶ 국물의 양을 2~3큰술 정도 남겼는가?
예 □ 아니오 □

알찜

시험시간 : 25분

❖ 요구사항

※ 주어진 재료를 사용하여 다음과 같이 알찜을 만드시오.

① 새우젓은 국물만 사용하고 실고추, 실파는 1cm 정도로 썰어 고명으로 사용하시오.

② 석이버섯은 채 썰어(0.2cm×1cm 정도) 양념하여 볶아 고명으로 사용하시오.

③ 알찜은 중탕하거나 찜통에 찌시오.

❖ 재료 및 분량

재료	분량
달걀	1개
새우젓	10g
실파	1뿌리
실고추	1g
석이버섯(부서지지 않은 것 마른 것)	5g
참기름	5㎖
소금	5g

❖ 수험자 유의사항

▷ 물과 달걀의 비율에 유의한다.

▷ 알찜은 부드럽고 고명의 색이 선명하도록 한다.

▷ 조리작품 만드는 순서는 틀리지 않게 하여야 한다.

▷ 숙련된 기능으로 맛을 내야하므로 조리 작업시 음식의 맛을 보지 않는다.

공통사항	
채점대상에서 제외되는 경우	▷ 가스렌지 화구 2개 이상 사용한 경우 ▷ 불을 사용하여 만든 조리작품이 작품특성에 벗어나는 정도로 타거나 익지 않은 것 ▷ 오작 : 요리의 형태를 다르게 만들거나 해당과제의 지급재료 이외의 재료를 사용한 경우 ▷ 미완성 : 문제의 요구사항대로 작품의 수량이 만들어지지 않은 경우, 요구작품 두 가지 중 한 가지 작품만 만들었을 경우, 주어진 시간 내에 완성하지 못한 경우

◆ 만드는 법

① 주어진 재료는 깨끗이 정리한다.

② 석이버섯은 따뜻한 물에 불리고 새우젓은 곱게 다져 면보에 짜서 국물만 준비한다.

③ 달걀은 노른자와 흰자가 잘 섞이도록 풀어 달걀 양의 2배 분량의 물을 붓고 새우젓 국물과 소금을 넣어 섞은 후 고운 체에 걸러낸다.

④ 체에 걸러낸 달걀 물에 거품을 걷어내고 찜 그릇에 담는다.

⑤ 석이버섯을 손질하여 0.2cm×1cm 정도로 채 썰어 양념하여 볶아 고명으로 준비한다.

⑥ 실파, 실고추는 1cm 길이로 채 썰어 준비한다.

⑦ 냄비에 물을 붓고 달걀 찜 그릇을 넣고 뚜껑을 닫아 약한 불에서 중탕으로 15분 정도 찜을 한다.

⑧ 달걀 찜이 익으면 실파, 실고추, 석이버섯을 고명으로 올리고 뚜껑을 덮은 후 불을 끈 다음 꺼내 낸다.

재료 ▲

새우젓 다지기 ▲

계란물 체에 걸르기 ▲

석이버섯 썰기 ▲

중탕하기 ▲

◆ 조리순서

석이버섯 불리기, 새우젓 국물내기 ➔ 달걀 풀어 새우젓국물, 물 섞어 체에 내리기 ➔ 석이버섯, 실파, 실고추 고명준비 ➔ 중탕으로 달걀 찜하기 ➔ 실파, 실고추, 석이버섯 고명 얹기

◆ Tip

▷ 달걀 찜은 달걀 양의 2배 분량의 물을 붓고 찜한다.

▷ 달걀 찜은 약한 불로 익혀야 부풀어 오르지 않고 표면이 매끄럽게 된다.

▷ 찜그릇에 뚜껑을 닫거나 랩, 호일을 사용하여 밀봉하면 물이 들어가지 않는다.

▷ 냄비에 물의 양은 찜 그릇 반 정도로 붓고 찜한다.

◆ 실습 후 확인 사항

▶ 달걀 찜에 달걀 양의 2배에 물을 넣었는가?

예 □ 아니오 □

▶ 새우젓은 곱게 다진 후 짜서 국물을 사용하였는가?

예 □ 아니오 □

▶ 달걀 찜은 중탕하여 약한 불로 찜을 하였는가?

예 □ 아니오 □

어선

시험시간 : 50분

요구사항

※ 주어진 재료를 사용하여 다음과 같이 어선을 만드시오.

① 생선살은 어슷하게 포를 떠서 사용하시오.

② 오이는 돌려 깎기, 당근과 표고버섯은 채썰기, 달걀은 황 · 백지단채로 사용하시오.

③ 완성된 어선의 지름은 3cm 정도, 두께는 2cm 정도로 6개를 제출하시오.

수험자 유의사항

▷ 속재료가 중앙에 위치하도록 하고 생선살이 터지지 않게 만다.

▷ 속재료(소)용 채소는 볶아서 사용하며 각 속재료(소)들의 처리에 유의한다.

▷ 녹말가루를 적절하게 사용하고, 생선과 녹말가루는 잘 익고 속재료(속)들의 색깔은 선명하도록 찌는데 유의한다.

▷ 완성된 모양이 잘 유지되도록 자르는데 유의한다.

▷ 조리작품 만드는 순서는 틀리지 않게 하여야 한다.

▷ 숙련된 기능으로 맛을 내야하므로 조리 작업시 음식의 맛을 보지 않는다.

공통사항		
	채점대상에서 제외되는 경우	▷ 가스렌지 화구 2개 이상 사용한 경우 ▷ 불을 사용하여 만든 조리작품이 작품특성에 벗어나는 정도로 타거나 익지 않은 것 ▷ 오작 : 요리의 형태를 다르게 만들거나 해당과제의 지급재료 이외의 재료를 사용한 경우 ▷ 미완성 : 문제의 요구사항대로 작품의 수량이 만들어지지 않은 경우, 요구작품 두 가지 중 한 가지 작품만 만들었을 경우, 주어진 시간 내에 완성하지 못한 경우

재료 및 분량

재료	분량
동태(500g 정도, 동태포는 안됨)	1마리
당근(길이 7cm 정도, 곧은 것)	50g
오이(가늘고 곧은 것, 20cm 정도)	1/3개
건표고버섯 (지름5cm 정도, 물에 불린 것)	2개
달걀	1개
생강	10g
녹말가루	30g
진간장	20mℓ
소금	10g
백설탕	15g
참기름	5mℓ
식용유	30mℓ
흰 후춧가루	2g

❖ 만드는 법

① 주어진 재료는 깨끗이 정리하고 생강은 곱게 다져서 즙을 낸다.

② 동태는 비늘, 지느러미, 내장을 제거하고 넓게 포를 떠서 껍질을 벗긴 후 얇게 저며서 생선살에 소금, 흰 후춧가루, 생강즙으로 밑간을 한다.

③ 오이는 돌기를 제거하고 돌려 깎은 후 채 썰어 소금에 절인 후 물기를 제거한다.

④ 당근은 곱게 채 썰어 소금을 약간 뿌렸다가 물기를 제거한다.

⑤ 표고버섯은 미지근한 물에 불려 기둥을 떼고 얇게 채 썰어 간장, 설탕, 참기름으로 양념한다.

⑥ 달걀은 황 · 백으로 분리하여 지단을 부쳐서 채 썬다.

⑦ 팬에 기름을 두르고 오이, 당근, 표고버섯을 볶는다.

⑧ 도마에 김발을 놓고 그 위에 젖은 면보를 깔고 생선살을 빈틈없이 펴 놓고 녹말가루를 골고루 뿌린다.

⑨ 생선살 위에 오이, 당근, 표고버섯, 황 · 백지단 채를 가지런히 올려 지름이 3cm 가 되도록 둥글게 말아 김이 오른 찜통에 10분간 찐다.

⑩ 쪄낸 어선을 식힌 후 2cm 두께로 썰어 그릇에 담아 낸다.

재료 ▲

생선 포뜨기 ▲

당근 볶기 ▲

생선살 위에 재료 얹기 ▲

찌기 ▲

❖ 조리순서

동태 손질하여 포 떠서 밑간하기 ➔ 오이 채썰기 ➔ 당근 채썰기 ➔ 표고버섯 채썰어 양념 ➔ 석이버섯 손질 ➔ 달걀 황 · 백 지단 부치기 ➔ 오이, 당근, 표고버섯 볶기 ➔ 생선살에 오이, 당근, 표고버섯, 황 · 백 지단채 넣고 말아 찌기 ➔ 식은 후 썰어 그릇담기

❖ Tip

▷ 생선살의 껍질부분이 위로 오도록 하고, 생선살의 결이 가로가 되도록 편다.

▷ 생선살에 녹말가루를 충분히 뿌려 빈틈이 없도록 한다.

▷ 쪄낸 어선은 충분히 식힌 후 썰어야 부서지지 않는다.

❖ 실습 후 확인 사항

▶ 동태는 비늘, 지느러미, 내장을 손질하고 포를 떠서 밑간을 하였는가?

예 □ 아니오 □

▶ 생선살에 녹말가루를 고루 뿌려 생선살과 속재료가 결착 되도록 하였는가?

예 □ 아니오 □

▶ 어선은 지름 3cm, 두께 2cm 로 만들어 6개를 제출하였는가?

예 □ 아니오 □

오이선

시험시간 : 25분

요구사항

※ 주어진 재료를 사용하여 다음과 같이 오이선을 만드시오.

① 오이를 길이로 1/2등분한 후, 4cm 간격으로 어슷하게 썰어 4개 이상을 만드시오. (반원 모양)

② 일정한 간격으로 3군데 칼집을 넣고 부재료를 일정량씩 색을 맞춰 끼우시오. (단, 달걀은 황 · 백으로 분리하여 사용하시오.)

③ 촛물을 오이선에 끼얹어 내시오.

수험자 유의사항

▷ 오이를 볶을 때는 고유의 색이 변하지 않게 주의한다.

▷ 어슷하게 칼집 넣은 부분이 떨어지지 않게 한다.

▷ 촛물 배합에 주의한다.

▷ 조리작품 만드는 순서는 틀리지 않게 하여야 한다.

▷ 숙련된 기능으로 맛을 내야하므로 조리 작업시 음식의 맛을 보지 않는다.

공통사항		
	채점대상에서 제외되는 경우	▷ 가스렌지 화구 2개 이상 사용한 경우 ▷ 불을 사용하여 만든 조리작품이 작품특성에 벗어나는 정도로 타거나 익지 않은 것 ▷ 오작 : 요리의 형태를 다르게 만들거나 해당과제의 지급재료 이외의 재료를 사용한 경우 ▷ 미완성 : 문제의 요구사항대로 작품의 수량이 만들어지지 않은 경우, 요구작품 두 가지 중 한 가지 작품만 만들었을 경우, 주어진 시간 내에 완성하지 못한 경우

재료 및 분량

재료	분량
오이(가늘고 곧은 것 20cm 정도)	1/2개
건 표고버섯 (지름 5cm 정도, 물에 불린 것)	1개
소고기(살코기)	20g
달걀	1개
대파(흰부분 4cm 정도)	1토막
마늘 중(깐 것)	1쪽
진간장	5mℓ
소금	20g
백설탕	5g
깨소금	5g
참기름	5mℓ
식용유	15mℓ
식초	10mℓ
검은후춧가루	1g

❖ 만드는 법

① 주어진 재료는 깨끗이 정리하고 파 · 마늘은 곱게 다진다.

② 오이는 소금으로 비벼 씻어 가시를 제거하고 1/2등분한 후, 4cm 간격으로 어슷하게 썬다.

③ 어슷 썬 오이에 3번 칼집을 넣고 소금물에 절인다.

④ 불린 표고버섯과 소고기는 오이의 직경과 같은 길이로 고운 채로 썰어 간장, 설탕, 다진 파, 다진마늘, 참기름, 깨소금, 후춧가루를 넣어 양념한다.

⑤ 달걀은 황 · 백으로 나누어 지단을 부쳐 오이 직경과 같은 길이로 고운 채로 썬다.

⑥ 절인 오이는 면보에 싸서 물기를 제거하고 팬에 기름을 두른 팬에 살짝 볶아낸다.

⑦ 양념한 소고기와 표고버섯도 볶는다.

⑧ 오이 칼집 속에 황 · 백 지단, 표고버섯과 소고기를 알맞게 끼운다.

⑨ 식초, 설탕, 물 , 소금을 넣고 섞어 단촛물을 만든다.

⑩ 오이선을 그릇에 담고 단촛물을 골고루 끼얹어 낸다.

재료 ▲

오이 칼집 넣기 ▲

지단 자르기 ▲

오이 볶기 ▲

소고기 볶기 ▲

❖ 조리순서

오이 소금에 씻어 칼집 넣기 ➔ 오이 절이기 ➔ 표고버섯, 소고기 채 썰어 양념하기 ➔ 달걀 황 · 백지단 부치기 ➔ 오이 볶기 ➔ 소고기, 표고버섯 볶기 ➔ 오이 칼집에 속 채우기 ➔ 단촛불 만들기 ➔ 단촛물 끼얹어 내기

❖ Tip

▷ 오이에 칼집을 넣을 때 1cm지 간격으로 일정하게 넣는다.

▷ 오이는 충분히 절여야 속을 채우기 편하다.

▷ 오이는 센불에서 빨리 볶아야 색이 번하지 않고 아삭아삭하다.

▷ 단촛물을 미리 끼얹으면 오이의 색깔이 변하므로 마지막에 얹어 낸다.

▷ 오이선에 속을 채우고 가장자리를 가위로 깔끔하게 정리한다.

❖ 실습 후 확인 사항

▶ 오이에 칼집은 일정한 간격으로 넣었는가?

예 □　　아니오 □

▶ 오이는 센불에서 볶아 색이 변하지 않았는가?

예 □　　아니오 □

▶ 오이에 속은 색깔을 맞춰 고명을 넣었는가?

예 □　　아니오 □

▶ 오이선에 단촛물은 마지막에 끼얹어 냈는가?

예 □　　아니오 □

호박선

시험시간 : 35분

❖ 요구사항

※ 주어진 재료를 사용하여 다음과 같이 호박선을 만드시오.

① 애호박은 길이로 반을 갈라서 4cm 길이로 어슷썰기를 한 후 3번 칼집을 넣으시오.

② 황 · 백지단과 실고추는 폭 0.1cm, 길이 2cm 정도로, 석이버섯과 잣은 고명으로 호박선 위에 올리시오.

③ 호박선은 2개를 겨자장과 곁들여 제출하시오.

※ 호박을 열십(十)자로 칼집을 내어 제출하는 경우는 오작으로 처리

❖ 재료 및 분량

재료	분량
애호박(가늘고 곧은 것, 중)	1/2개
소고기(살코기)	20g
표고버섯(지름 5cm 정도, 물이 불린 것)	1개
당근(길이 7cm 정도, 곧은 것)	50g
석이버섯(부서지지 않은 것, 마른 것)	5g
달걀	1개
실고추	1g
잣(깐 것)	5개
대파(흰 부분 4cm 정도)	1토막
마늘 중(깐 것)	1쪽
겨자가루	5g
진간장	10ml
백설탕	10g
소금	10g
식초	5ml
깨소금	5g
식용유	10ml
참기름	5ml
검은후춧가루	1g

❖ 수험자 유의사항

▷ 호박은 소금물에 살짝 절여서 쓰고, 호박의 껍질색을 살려 익힌다.

▷ 소고기, 표고버섯, 당근을 채 썰어서 양념한다.

▷ 조리작품 만드는 순서는 틀리지 않게 하여야 한다.

▷ 숙련된 기능으로 맛을 내야하므로 조리 작업시 음식의 맛을 보지 않는다.

공통사항

채점대상에서 제외되는 경우

▷ 가스렌지 화구 2개 이상 사용한 경우

▷ 불을 사용하여 만든 조리작품이 작품특성에 벗어나는 정도로 타거나 익지 않은 것

▷ 오작 : 요리의 형태를 다르게 만들거나 해당과제의 지급재료 이외의 재료를 사용한 경우

▷ 미완성 : 문제의 요구사항대로 작품의 수량이 만들어지지 않은 경우, 요구작품 두 가지 중 한 가지 작품만 만들었을 경우, 주어진 시간 내에 완성하지 못한 경우

❖ 만드는 법

① 주어진 재료는 깨끗이 정리하고 파 · 마늘은 곱게 다진다.

② 애호박은 길이로 반을 갈라서 4cm 길이로 어슷썰기를 한 후 3번 칼집을 넣어 소금물에 절인다.

③ 당근은 곱게 채 썰어 소금물에 살짝 데쳐낸다.

④ 소고기의 일부는 육수를 만들고 나머지는 곱게 채 썰고, 불린 표고버섯도 곱게 채 썰어 양념 한 다음 당근과 합해 놓는다.

⑤ 석이버섯은 미지근한 물에 불려 곱게 채 썰어 소금, 참기름으로 밑간한다.

⑥ 달걀은 황 · 백으로 나누어 지단을 부쳐서 폭 0.1cm, 길이 2cm 정도로 곱게 채 썰고 석이버섯은 볶는다.

⑦ 절인 호박은 물기를 제거하고 당근, 소고기, 표고버섯을 합해 놓은 것을 칼집 사이에 끼워 놓는다.

⑧ 냄비에 호박을 넣은 후 간장과 소금으로 간을 한 육수를 호박이 반 정도 잠길 만큼 부어 익힌다.

⑨ 호박을 익히는 동안 그릇에 따뜻한 물과 겨자 가루를 개어 그릇 안쪽에 펴 바른 후 냄비 뚜껑 위에 엎어 매운맛이 나도록 발효시킨 후 설탕, 소금, 식초를 넣어 겨자즙을 만든다.

⑩ 호박선과 국물을 그릇에 담고 달걀 황 · 백지단, 석이버섯, 실고추, 잣을 고명으로 얹어 낸다.

재료 ▲

칼집 넣기 ▲

소금에 절이기 ▲

소 채워넣기 ▲

호박선 익히기 ▲

❖ 조리순서

호박 썰어 절이기 ➔ 당근 데치기 ➔ 소고기 육수 끓이기 ➔ 표고버섯, 소고기 채 썰어 양념해서 당근과 합하기 ➔ 석이버섯 손질 ➔ 달걀 황 · 백지단 부치기 ➔ 석이버섯 볶기 ➔ 절인 호박에 속 채우기 ➔ 호박선 익히기 ➔ 겨자즙 만들기 ➔ 달걀 황 · 백지단, 석이버섯, 실고추, 잣 고명 얹어 그릇담기

❖ Tip

▷ 호박에 칼집을 일정하게 내고 소금에 충분히 절인다.

▷ 호박에 채울 속 재료는 가늘고 길지 않게 채 썬다.

▷ 육수를 너무 많이 부우면 속재료가 빠져나오므로 적당량 붓고 끓인다.

▷ 호박색이 선명하도록 푹 익히지 않는다.

❖ 실습 후 확인 사항

▶ 호박은 칼집을 일정한 간격으로 넣고 충분히 절였는가?
예 □ 아니오 □

▶ 당근, 소고기, 표고버섯은 가늘게 채 썰고, 길지 않게 채 썰었는가?
예 □ 아니오 □

▶ 호박선에 육수의 양을 너무 많이 붓지 않았는가?
예 □ 아니오 □

▶ 겨자는 매운맛이 나도록 발효가 잘 되었으며 설탕, 소금, 식초를 넣어 겨자즙을 만들었는가?
예 □ 아니오 □

표고전

시험시간 : 20분

❖ 요구사항

※ 주어진 재료를 사용하여 다음과 같이 표고전을 만드시오.

① 표고버섯과 속은 각각 양념하시오.

② 완성된 표고전은 5개 제출하시오.

❖ 수험자 유의사항

▷ 표고의 색깔을 잘 살릴 수 있도록 한다.

▷ 고기가 완전히 익도록 한다.

▷ 조리작품 만드는 순서는 틀리지 않게 하여야 한다.

▷ 숙련된 기능으로 맛을 내야하므로 조리 작업시 음식의 맛을 보지 않는다.

❖ 재료 및 분량

재료	분량
건표고버섯(지름 2.5~4cm 정도)	5개
소고기(살코기)	30g
두부	15g
밀가루(중력분)	20g
달걀	1개
대파(흰 부분 4cm 정도)	1토막
마늘 중(깐 것)	1쪽
진간장	5mℓ
소금	5g
백설탕	5g
깨소금	5g
식용유	20mℓ
참기름	5mℓ
검은후춧가루	1g

공통사항	
채점대상에서 제외되는 경우	▷ 가스렌지 화구 2개 이상 사용한 경우 ▷ 불을 사용하여 만든 조리작품이 작품특성에 벗어나는 정도로 타거나 익지 않은 것 ▷ 오작 : 요리의 형태를 다르게 만들거나 해당과제의 지급재료 이외의 재료를 사용한 경우 ▷ 미완성 : 문제의 요구사항대로 작품의 수량이 만들어지지 않은 경우, 요구작품 두 가지 중 한 가지 작품만 만들었을 경우, 주어진 시간 내에 완성하지 못한 경우

❖ 만드는 법

① 주어진 재료는 깨끗이 정리하고 파 · 마늘은 곱게 다지고 건표고버섯은 뜨거운 물에 불린다.

② 두부는 면보로 감사 물기를 꼭 짜서 도마 위에 놓고 칼등으로 곱게 으깬다.

③ 불린 표고버섯은 기둥을 떼고 물기를 꼭 짜서 간장, 설탕, 참기름을 섞어 밑간을 한다.

④ 소고기는 기름기와 힘줄을 제거하고 곱게 다진다.

⑤ 으깬 두부, 다진 소고기, 다진 파, 마늘, 소금, 설탕, 깨소금, 참기름, 후춧가루를 섞어 끈기 있게 치대어 고기소를 만든다.

⑥ 달걀은 소금을 넣어 풀어 놓는다.

⑦ 표고버섯 안쪽에 밀가루를 뿌리고 양념한 고기소를 넣어 평평하게 채운 다음 밀가루와 달걀물을 묻힌다.

⑧ 팬에 기름을 두르고 약한 불에서 고기소를 채운 면부터 노릇하게 지지고 뒤집어서 겉부분도 살짝 지진다.

재료 ▲

표고 양념하기 ▲

밀가루 바르기 ▲

소 채우기 ▲

표고전 지지기 ▲

❖ 조리순서

건표고버섯 불리기 ➔ 두부 으깨기 ➔ 표고버섯 밑간하기 ➔ 소고기 다지기 ➔ 고기소 양념 ➔ 달걀물 만들기 ➔ 표고버섯에 고기소 채우기 ➔ 밀가루와 달걀물 묻히기 ➔ 팬에 노릇하게 지져서 그릇담기

❖ Tip

▷ 건표고버섯은 따뜻한 물에 설탕을 약간 넣고 불린다.

▷ 두부와 소고기는 곱게 다져 끈기 있게 치대고 고기소는 두껍지 않게 채워 지진다.

▷ 달걀물과 밀가루가 표고버섯의 겉면에 묻지 않도록 주의한다.

❖ 실습 후 확인 사항

▶ 표고버섯은 물기를 제거하고 밑간하였는가?

예 □ 아니오 □

▶ 표고버섯 안쪽에 밀가루를 뿌리고 고기소를 채웠는가?

예 □ 아니오 □

▶ 표고버섯 겉면에 밀가루와 달걀물이 묻지 않았는가?

예 □ 아니오 □

▶ 표고전은 5개를 완성하여 제출하였는가?

예 □ 아니오 □

풋고추전

시험시간 : 25분

❖ 요구사항

※ 주어진 재료를 사용하여 다음과 같이 풋 고추전을 만드시오.

① 풋고추전은 먼저 5cm 정도의 길이로 정리하여 소를 넣고 지져 내시오.
(단, 주어진 재료의 크기에 따라 가감한다.)

② 풋고추는 반을 갈라 데쳐서 사용하며 완성된 풋고추전은 8개를 제출하시오.

❖ 수험자 유의사항

▷ 완성된 풋고추전의 색에 유의한다.

▷ 조리작품 만드는 순서는 틀리지 않게 하여야 한다.

▷ 숙련된 기능으로 맛을 내야하므로 조리 작업시 음식의 맛을 보지 않는다.

❖ 재료 및 분량

재료	분량
풋고추(길이 5cm 이상)	4개
소고기(살고기)	30g
두부	15g
밀가루(중력분)	15g
달걀	1개
대파 (흰 부분 4cm 정도)	1토막
마늘 중(깐 것)	1쪽
소금	5g
백설탕	5g
깨소금	5g
식용유	20mℓ
참기름	5mℓ
검은후춧가루	1g

공통사항

채점대상에서 제외되는 경우

▷ 가스렌지 화구 2개 이상 사용한 경우

▷ 불을 사용하여 만든 조리작품이 작품특성에 벗어나는 정도로 타거나 익지 않은 것

▷ 오작 : 요리의 형태를 다르게 만들거나 해당과제의 지급재료 이외의 재료를 사용한 경우

▷ 미완성 : 문제의 요구사항대로 작품의 수량이 만들어지지 않은 경우, 요구작품 두 가지 중 한 가지 작품만 만들었을 경우, 주어진 시간 내에 완성하지 못한 경우

❖ 만드는 법

① 주어진 재료는 깨끗이 정리하고 파 · 마늘은 곱게 다진다.

② 풋고추는 꼭지를 따고 반으로 갈라 씨를 털어 낸 후 5cm 길이로 썰어 끓는 소금물에 살짝 데쳐서 찬물에 헹군 다음 물기를 제거한다.

③ 소고기는 힘줄과 기름기를 제거하여 곱게 다진다.

④ 두부는 면보에 꼭 짜서 물기를 제거 한 다음 칼등으로 곱게 으깬다.

⑤ 다진 소고기와 으깬 두부에 설탕, 소금, 다진 파, 마늘, 깨소금, 참기름, 후춧가루를 넣고 양념을 한 다음 끈기가 날 때까지 치대어 소를 만든다.

⑥ 달걀은 소금을 넣고 풀어 둔다.

⑦ 풋고추 안쪽에 밀가루를 바르고 고기소를 잘 채운 다음 고기소가 있는 쪽만 밀가루와 달걀물을 입힌다.

⑧ 팬에 기름을 두르고 약한 불에 고기소를 채운 쪽부터 노릇노릇하게 지지고 겉 부분도 살짝 지진다.

재료 ▲

풋고추 데쳐 헹구기 ▲

밀가루 바르기 ▲

소 채우기 ▲

풋고추전 지지기 ▲

❖ 조리순서

풋고추 손질하여 데치기 ➔ 소고기 다지기 ➔ 두부 으깨기 ➔ 고기소 양념 ➔ 달걀 풀기 ➔ 풋고추에 밀가루 발라 고기소 채우기 ➔ 밀가루, 달걀물 입혀 지지기 ➔ 그릇담기

❖ Tip

▷ 소고기는 곱게 다지고, 두부는 곱게 으깨서 끈기 있게 치대야 익혔을 때 모양이 매끄럽다.

▷ 풋고추에 고기소는 너무 많이 넣지 말고 양쪽 끝을 충분히 채워야 익은 후에 고기소가 줄이드는 것을 막을 수 있다.

▷ 풋고추전의 크기와 개수, 색깔을 확인한다.

❖ 실습 후 확인 사항

▶ 풋고추는 5cm 크기로 8개를 준비 하였는가?

예 □ 아니오 □

▶ 풋고추는 끓는 소금물에 데쳐 찬물에 헹구어 물기를 제거 했는가?

예 □ 아니오 □

▶ 풋고추에 고기소를 양쪽 끝부분까지 빈틈없이 채웠는가?

예 □ 아니오 □

▶ 풋고추의 푸른면의 껍질이 부풀거나 색이 변하지 않았는가?

예 □ 아니오 □

육원전

시험시간 : 20분

요구사항

※ 주어진 재료를 사용하여 다음과 같이 육원전을 만드시오.

① 전의 크기는 직경이 4cm 정도가 되도록 하시오.

② 달걀은 흰자, 노른자를 혼합하여 사용하시오.

③ 육원전은 6개 제출하시오.

수험자 유의사항

▷ 고기와 두부의 배합이 잘 맞아야 한다.

▷ 전의 속까지 잘 익도록 한다.

▷ 모양이 흐트러지지 않아야 한다.

▷ 조리작품 만드는 순서는 틀리지 않게 하여야 한다.

▷ 숙련된 기능으로 맛을 내야하므로 조리 작업시 음식의 맛을 보지 않는다.

재료 및 분량

재료	분량
소고기(살코기)	70g
두부	30g
밀가루(중력분)	20g
달걀	1개
대파(흰 부분 4cm 정도)	1토막
마늘 중(깐 것)	1쪽
소금	5g
설탕	5g
참기름	5mℓ
식용유	30mℓ
깨소금	5g
검은 후춧가루	2g

공통사항

채점대상에서 제외되는 경우

▷ 가스렌지 화구 2개 이상 사용한 경우

▷ 불을 사용하여 만든 조리작품이 작품특성에 벗어나는 정도로 타거나 익지 않은 것

▷ 오작 : 요리의 형태를 다르게 만들거나 해당과제의 지급재료 이외의 재료를 사용한 경우

▷ 미완성 : 문제의 요구사항대로 작품의 수량이 만들어지지 않은 경우, 요구작품 두 가지 중 한 가지 작품만 만들었을 경우, 주어진 시간 내에 완성하지 못한 경우

◆ 만드는 법

① 주어진 재료는 깨끗이 정리하고 파 · 마늘은 곱게 다진다.

② 두부는 면보로 감사 물기를 꼭 짜서 도마 위에 놓고 칼등으로 곱게 으깬다.

③ 소고기는 기름기와 힘줄을 제거하고 곱게 다진다.

④ 으깬 두부, 다진 소고기, 다진 파, 마늘, 소금, 설탕, 깨소금, 참기름, 후춧가루를 섞어 끈기 있게 치댄다.

⑤ 고기반죽을 직경이 4cm 정도의 크기로 둥글납작한 완자 6개를 빚는다.

⑥ 달걀은 소금을 넣어 풀어 놓는다.

⑦ 완자에 밀가루와 달걀물을 묻혀 팬에 기름을 두르고 약한 불에 앞뒤와 옆면까지 노릇 하게 지진다.

재료 ▲

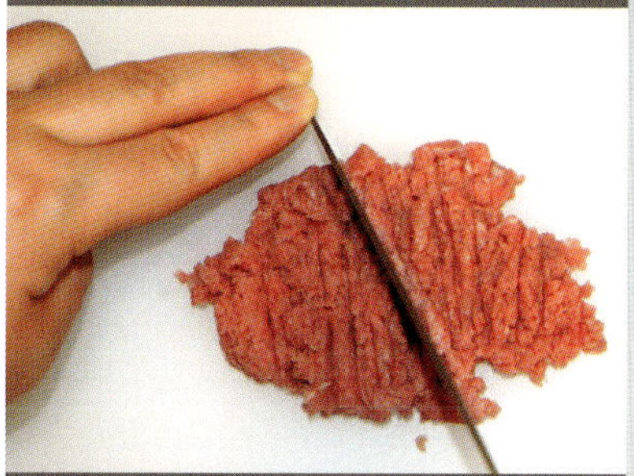
소고기 다지기 ▲

소고기, 두부 양념하기 ▲

완자 빚기 ▲

완자 지지기 ▲

◆ 조리순서

두부 으깨기 ➔ 소고기 다지기 ➔ 으깬 두부, 다진 소고기 양념 ➔ 완자 빚기 ➔ 달걀물 만들기 ➔ 밀가루 달걀물 묻혀 지지기 ➔ 그릇담기

◆ Tip

▷ 고기반죽은 오래 치대어야 가장자리가 갈라지지 않는 완자를 빚을 수 있다.

▷ 완자전의 색을 곱게 하기 위해 흰자의 양을 줄여 사용한다.

◆ 실습 후 확인 사항

▶ 두부와 고기의 배합이 알맞았는가?

예 □ 아니오 □

▶ 육원전의 크기는 4cm 로 6개를 빚었는가?

예 □ 아니오 □

▶ 육원전은 위, 아래, 옆면, 속까지 잘 익혔는가?

예 □ 아니오 □

생선전

시험시간 : 25분

요구사항

※ 주어진 재료를 사용하여 다음과 같이 생선전을 만드시오.

① 부쳐진 전의 크기는 균일하게 하시오.(약 5cm×4cm×0.5cm 정도)

② 달걀은 흰자, 노른자를 혼합하여 사용하시오.

③ 생선전은 8개 이상 제시하시오.

재료 및 분량

재료	분량
동태(400g 정도)	1마리
달걀	1개
밀가루(중력분)	30g
식용유	50mℓ
소금	10g
흰후춧가루	2g

수험자 유의사항

▷ 생선이 부서지지 않게 한다.

▷ 달걀옷이 떨어지지 않도록 한다.

▷ 조리작품 만드는 순서는 틀리지 않게 하여야 한다.

▷ 숙련된 기능으로 맛을 내야하므로 조리 작업시 음식의 맛을 보지 않는다.

공통사항

채점대상에서 제외되는 경우

▷ 가스렌지 화구 2개 이상 사용한 경우

▷ 불을 사용하여 만든 조리작품이 작품특성에 벗어나는 정도로 타거나 익지 않은 것

▷ 오작 : 요리의 형태를 다르게 만들거나 해당과제의 지급재료 이외의 재료를 사용한 경우

▷ 미완성 : 문제의 요구사항대로 작품의 수량이 만들어지지 않은 경우, 요구작품 두 가지 중 한 가지 작품만 만들었을 경우, 주어진 시간 내에 완성하지 못한 경우

❖ 만드는 법

① 주어진 재료는 깨끗이 손질하여 정리한다.

② 생선는 비늘을 긁어내고 지느러미와 내장을 제거하고 깨끗이 씻어 물기를 제거한다.

③ 생선는 3장 뜨기 하여 껍질을 벗겨 5cm×4cm×0.5cm 정도로 포를 뜬다.

④ 포를 뜬 생선살에 소금과 흰 후춧가루로 밑간을 한다.

⑤ 달걀은 소금을 넣어 풀어 놓는다.

⑥ 생선포에 밀가루와 달걀물을 묻혀 기름에 팬을 두르고 약한 불에서 노릇하게 지진다.

⑦ 생선전을 그릇에 담아 낸다.

재료 ▲

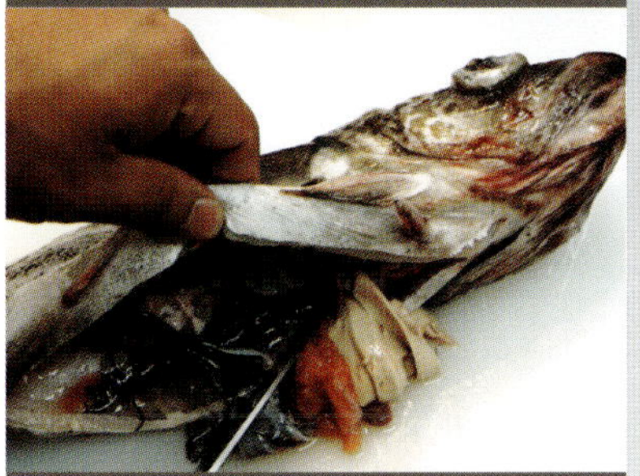
내장 제거 ▲

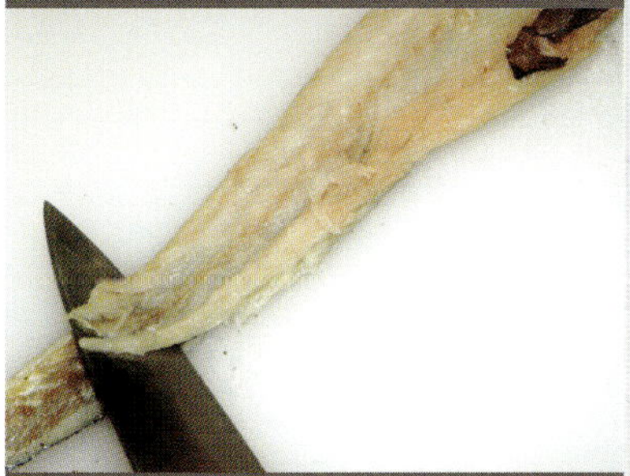
생선포 뜨기 ▲

밑간하기 ▲

생선전 지지기 ▲

❖ 조리순서

생선 손질하기 ➔ 생선 3장 포 뜨기 ➔ 소금, 흰 후춧가루 밑간하기 ➔ 달걀물 만들기 ➔ 밀가루 달걀물 묻혀 지지기 ➔ 그릇담기

❖ Tip

▷ 생선살에 물기가 남아 있으면 생선살이 부서지기 쉬우므로 물기를 제거한다.

▷ 생선살에 여분의 밀가루는 털어내고 달걀 흰자의 양을 적게 넣어야 전의 색이 곱다.

▷ 생선 껍질을 벗길 때는 껍질 쪽을 도마 위에 놓고 꼬리 쪽에 칼을 넣어 왼손으로 껍질을 잡고 칼을 밀면서 벗긴다.

❖ 실습 후 확인 사항

▶ 생선의 껍질은 생선살이 부서지지 않도록 제거하였는가?

예 □　　아니오 □

▶ 생선살은 5cm×4cm×0.5cm 정도로 포를 떴는가?

예 □　　아니오 □

▶ 생선전은 밀가루와 달걀물을 묻혀서 지졌는가?

예 □　　아니오 □

▶ 생선전은 노릇하게 지져 8개를 제출하였는가?

예 □　　아니오 □

화양적

시험시간 : 35분

❖ 요구사항

※ 주어진 재료를 사용하여 다음과 같이 화양적을 만드시오.

① 완성된 화양적의 길이는 6cm 가 되도록 하고 꼬치의 양끝이 1cm 남도록 하시오.

② 달걀 노른자로 황색지단을 만들어 폭 1cm, 두께는 0.6cm 가 되도록 하시오.

③ 각 재료의 폭은 1cm, 두께는 0.6cm 가 되도록 하시오.
(단, 표고버섯은 지급된 재료 두께로 한다.)

④ 화양적 완성품 2꼬치를 만들고 잣가루를 고명으로 뿌리시오.

※ 달걀흰자 지단을 사용하는 경우 오작으로 처리

❖ 수험자 유의사항

▷ 통도라지는 쓴맛을 잘 뺀다.

▷ 끼우는 순서는 색의 조화가 잘 이루어지도록 한다.

▷ 조리작품 만드는 순서는 틀리지 않게 하여야 한다.

▷ 숙련된 기능으로 맛을 내야하므로 조리 작업시 음식의 맛을 보지 않는다.

공통사항

채점대상에서 제외되는 경우

▷ 가스렌지 화구 2개 이상 사용한 경우

▷ 불을 사용하여 만든 조리작품이 작품특성에 벗어나는 정도로 타거나 익지 않은 것

▷ 오작 : 요리의 형태를 다르게 만들거나 해당과제의 지급재료 이외의 재료를 사용한 경우

▷ 미완성 : 문제의 요구사항대로 작품의 수량이 만들어지지 않은 경우, 요구작품 두 가지 중 한 가지 작품만 만들었을 경우, 주어진 시간 내에 완성하지 못한 경우

❖ 재료 및 분량

재료	분량
소고기(살코기 7cm 길이)	50g
건 표고버섯 (지름 5cm 정도, 물에 불린 것)	1개
당근(길이7cm 정도, 중)	50g
오이(가늘고 곧은, 20cm 정도)	1/2개
통도라지 (껍질 있는 것, 길이20cm 정도)	1개
달걀	2개
잣(깐 것)	10개
대파(흰부분 4cm 정도)	1토막
마늘 중(깐 것)	1쪽
소금	5g
참기름	5mℓ
검은 후춧가루	2g
산적꼬치(길이 8~9cm 정도)	2개
진간장	5mℓ
백설탕	5g
깨소금	5g
식용유	30mℓ
A4용지	1장

❖ 만드는 법

① 주어진 재료는 깨끗이 정리하고 파 · 마늘은 곱게 다진다.

② 통도라지는 껍질을 벗겨서 1cm×6cm×0.6cm 크기로 썰어 소금물에 쓴맛을 제거한다.

③ 오이와 당근도 1cm×6cm×0.6cm 로 썰고 오이는 소금물에 절인다.

④ 물에 불린 표고버섯은 물기를 제거하고 기둥을 떼서 1cm×6cm×0.6cm 로 썬다.

⑤ 소고기는 기름과 힘줄을 제거하고 1cm×7cm×0.6cm 로 썰어 잔 칼집을 넣는다.

⑥ 간장, 설탕, 다진파, 마늘, 깨소금, 참기름, 후춧가루를 섞어 소고기와 표고버섯에 양념을 한다.

⑦ 끓는 물에 약간의 소금을 넣고 도라지, 당근을 데쳐 물기를 제거한다.

⑧ 달걀은 노른자만 분리하여 소금을 넣어 지단을 부친 후 1cm×6cm×0.6cm 로 썬다.

⑨ 팬에 기름을 두르고 도라지와 당근은 소금을 약간 넣어 볶고 오이, 표고버섯, 소고기 순으로 볶아 식힌다.

⑩ 산적꼬치에 표고버섯, 도라지, 황색지단, 오이, 당근, 소고기를 끼우고 꼬치의 양끝이 1cm 남도록 자른다.

⑪ 잣은 고갈을 떼고 종이 위에 올려 곱게 다진다.

⑫ 화양적을 그릇에 담고 고명으로 잣가루를 뿌려 낸다.

재료 ▲

재료 썰기 ▲

표고버섯, 소고기 양념하기 ▲

소고기 볶기 ▲

색 맞춰 꼬치 끼우기 ▲

❖ 조리순서

도리지 썰어 소금물에 쓴맛 제거 ➔ 당근 썰기 ➔ 오이 썰어 소금물에 절이기 ➔ 표고버섯 썰기 ➔ 소고기 썰기 ➔ 표고버섯, 소고기 양념하기 ➔ 도라지, 당근 데치기 ➔ 황색 지단 부치기 ➔ 도라지, 당근, 오이, 표고버섯, 소고기 볶기 ➔ 산적꼬치에 색깔 맞춰 끼우기 ➔ 잣가루 만들기 ➔ 화양적에 잣가루 고명 뿌려 내기

❖ Tip

▷ 소고기는 다른 재료들 보다 길게 자르며, 잔 칼집을 넣어 수축을 방지한다.

▷ 당근과 도라지는 덜 익으면 꼬치에 꽂을 때 부러지기 쉬우므로 주의한다.

▷ 각 재료들의 길이, 두께, 폭을 주의해서 일정하게 자른다.

❖ 실습 후 확인 사항

▶ 소고기는 수축방지를 위해 잔 칼집을 넣고 다른 재료들보다 약간 크게 썰었는가?

예 □ 아니오 □

▶ 화양적은 재료를 같은 순서로 꼬치에 끼워 2개를 만들었는가?

예 □ 아니오 □

▶ 화양적의 길이는 6cm 가 되도록 하고 꼬치의 양끝은 1cm 가 남도록 잘라주었는가?

예 □ 아니오 □

▶ 화양적은 같은 순서로 재료를 끼워 2개를 만들고 잣가루를 뿌려 제출했는가?

예 □ 아니오 □

지짐 누름적

시험시간 : 35분

요구사항

※ 주어진 재료를 사용하여 다음과 같이 지짐 누름적을 만드시오.

① 누름적의 크기는 5cm×6cm×0.5cm 크기로 하시오.

② 누름적의 수량은 2개를 제출하고, 꼬치는 빼서 담으시오.

수험자 유의사항

▷ 각각의 준비된 재료를 조화 있게 끼워서 색을 잘 살릴 수 있도록 지진다.

▷ 당근과 통도라지는 참기름으로 볶으면서 소금으로 간을 한다.

▷ 조리작품 만드는 순서는 틀리지 않게 하여야 한다.

▷ 숙련된 기능으로 맛을 내야하므로 조리 작업시 음식의 맛을 보지 않는다.

재료 및 분량

재료	분량
소고기 살코기(길이 7cm)	50g
건 표고버섯 (지름 5cm정도, 물에 불린 것)	1개
당근(길이7cm 정도, 중)	50g
도라지 (껍질 있는 것, 길이 20cm 정도)	1개
달걀	1개
쪽파(중)	2뿌리
밀가루(중력분)	20g
대파(흰부분 4cm 정도)	1토막
마늘 중(깐 것)	1쪽
진간장	10㎖
백설탕	5g
소금	5g
식용유	30㎖
참기름	5㎖
깨소금	5g
산적꼬치(8~9cm)	2개
검은 후춧가루	2g

공통사항

채점대상에서 제외되는 경우

▷ 가스렌지 화구 2개 이상 사용한 경우

▷ 불을 사용하여 만든 조리작품이 작품특성에 벗어나는 정도로 타거나 익지 않은 것

▷ 오작 : 요리의 형태를 다르게 만들거나 해당과제의 지급재료 이외의 재료를 사용한 경우

▷ 미완성 : 문제의 요구사항대로 작품의 수량이 만들어지지 않은 경우, 요구작품 두 가지 중 한 가지 작품만 만들었을 경우, 주어진 시간 내에 완성하지 못한 경우

❖ 만드는 법

① 주어진 재료는 깨끗이 정리하고 파 · 마늘은 곱게 다진다.

② 통라지는 껍질을 벗겨서 1cm×6cm×0.5cm 크기로 썰어 소금물에 쓴맛을 제거한다.

③ 당근과 쪽파도 1cm×6cm×0.5cm 로 썬다.

④ 물에 불린 표고버섯은 물기를 제거하고 기둥을 떼서 1cm×6cm×0.5cm 로 썬다.

⑤ 소고기는 기름과 힘줄을 제거하고 1cm×7cm×0.5cm 로 썰어 잔 칼집을 넣는다.

⑥ 간장, 설탕, 다진파, 마늘 깨소금, 참기름, 후춧가루를 섞어 소고기와 표고버섯에 양념을 한다.

⑦ 쪽파는 참기름과 소금으로 버무린다.

⑧ 끓는 물에 약간의 소금을 넣고 도라지, 당근을 데쳐 물기를 제거한다.

⑨ 팬에 기름을 두르고 도라지와 당근은 소금을 약간 넣어 볶고 표고버섯, 소고기 순으로 볶아 식힌다.

⑩ 달걀은 소금을 넣고 풀어 달걀물을 만들어 놓는다.

⑪ 산적꼬치에 표고버섯, 당근, 도라지, 쪽파, 소고기를 색을 맞추어 끼우고 밀가루와 달걀물을 입혀 팬에 기름을 두르고 지진다.

⑫ 지짐누름적이 식으면 산적꼬치를 빼서 그릇에 담아 낸다.

재료 ▲

쪽파 양념 ▲

채소 데치기 ▲

꼬치에 재료 끼우기 ▲

밀가루 묻히기 ▲

❖ 조리순서

도리지 썰어 소금물에 쓴맛 제거 ➔ 당근, 쪽파 썰기 ➔ 표고버섯 썰기 ➔ 소고기 썰기 ➔ 표고버섯, 소고기 양념하기 ➔ 쪽파 양념하기 ➔ 도라지, 당근 데치기 ➔ 도라지 당근, 표고버섯, 소고기 볶기 ➔ 달걀물 만들기 ➔ 산적꼬치에 색깔 맞춰 끼우기 ➔ 밀가루, 달걀물 묻혀 지지기 ➔ 식은 후 산적꼬치 빼서 그릇담기

❖ Tip

▷ 산적꼬치에 기름을 바르면 재료를 끼우기가 쉽다.

▷ 지짐누름직에 재료를 끼울 때 순서가 같도록 2개를 만든다.

▷ 밀가루와 달걀물을 잘 묻혀서 지져야 산적꼬치를 뺄 때 재료가 떨어지지 않는다.

❖ 실습 후 확인 사항

▶ 산적꼬치에 재료의 순서가 같도록 2개를 준비했는가?

예 □ 아니오 □

▶ 지짐누름적의 재료가 떨어지지 않도록 밀가루와 달걀물을 잘 묻혀서 지졌는가?

예 □ 아니오 □

▶ 지짐누름적의 완성품은 5cm×6cm×0.5cm 크기로 만들고 식은 후 산적꼬치를 빼서 제출하였는가?

예 □ 아니오 □

섭산적

시험시간 : 30분

요구사항

※ 주어진 재료를 사용하여 다음과 같이 섭산적을 만드시오.

① 완성된 섭산적의 두께는 0.7cm 로 하시오.

② 섭산적의 크기는 2cm×2cm 크기로 써시오.

③ 수량은 9개 이상을 제시하시오.

④ 석쇠를 사용하여 구우시오.

⑤ 고기와 두부의 비율을 3:1 정도로 하시오.

재료 및 분량

재료	분량
소고기(살코기)	80g
두부	30g
대파(흰 부분 4cm 정도)	1토막
마늘 중(깐 것)	1쪽
잣(깐 것)	10개
소금	5g
백설탕	10g
깨소금	5g
참기름	5㎖
식용유	30㎖
검은 후춧가루	2g
A4용지	1장

수험자 유의사항

▷ 다져서 양념한 소고기는 크게 반대기를 지어 구운 뒤 자른다.

▷ 고기가 타지 않게 잘 구어 지도록 유의한다.

▷ 조리작품 만드는 순서는 틀리지 않게 하여야 한다.

▷ 숙련된 기능으로 맛을 내야하므로 조리 작업시 음식의 맛을 보지 않는다.

공통사항

채점대상에서 제외되는 경우

▷ 가스렌지 화구 2개 이상 사용한 경우

▷ 불을 사용하여 만든 조리작품이 작품특성에 벗어나는 정도로 타거나 익지 않은 것

▷ 오작 : 요리의 형태를 다르게 만들거나 해당과제의 지급재료 이외의 재료를 사용한 경우

▷ 미완성 : 문제의 요구사항대로 작품의 수량이 만들어지지 않은 경우, 요구작품 두 가지 중 한 가지 작품만 만들었을 경우, 주어진 시간 내에 완성하지 못한 경우

❖ 만드는 법

① 주어진 재료는 깨끗이 정리하고 파 · 마늘은 곱게 다진다.

② 두부는 면보에 물기를 짜서 칼등으로 곱게 으깬다.

③ 소고기는 핏물을 제거하고 힘줄과 기름기를 제거하고 곱게 다진다.

④ 으깬 두부와 다진 소고기에 다진파, 마늘, 소금, 설탕, 깨소금, 참기름, 후춧가루를 넣고 손으로 골고루 오래 치댄다.

⑤ 잣은 고갈을 떼고 종이 위에 올려 곱게 다진다.

⑥ 양념한 고기반죽은 두께 0.7cm 가 되도록 네모지게 만들어 앞면에 가로, 세로로 잔 칼집을 넣는다.

⑦ 석쇠를 불에 달구어 기름을 바른 후 네모지게 만든 고기반죽을 석쇠에 올려 중불에서 앞, 뒤로 연갈색이 나도록 굽는다.

⑧ 섭산적이 식으면 2cm×2cm 로 9개를 썰어 그릇에 담고 잣가루를 고명으로 얹어 낸다.

재료 ▲

두부 으깨기 ▲

양념하여 치대기 ▲

잔 칼집 넣기 ▲

석쇠에 굽기 ▲

❖ 조리순서

두부 으깨기 ➔ 소고기 다지기 ➔ 으깬 두부, 다진 소고기 양념하여 치대기 ➔ 잣가루 만들기 ➔ 고기반죽에 잔 칼집 넣기 ➔ 석쇠에 고기반죽 굽기 ➔ 섭산적 구워 식혀 자르기 ➔ 그릇에 담아 고명으로 잣가루 뿌려 내기

❖ Tip

▷ 으깬 두부와 다진 소고기는 오래 끈기 있게 치대어야 모양이 매끄럽다.

▷ 섭산적은 충분히 식힌 후 썰어야 부서지지 않는다.

▷ 석쇠는 불에 달구어 기름을 바른 후 고기반죽을 구어야 달라 붙지 않는다.

❖ 실습 후 확인 사항

▶ 고기반죽은 충분히 치대고 윗면에 잔 칼집을 넣은 후 구웠는가?

예 □ 아니오 □

▶ 섭산적은 두께 0.7cm, 크기 2cm×2cm 로 9개를 썰었는가?

예 □ 아니오 □

▶ 섭산적은 식힌 후 썰어서 잣가루를 얹어 제출하였는가?

예 □ 아니오 □

너비아니구이

시험시간 : 25분

❖ 요구사항

※ 주어진 재료를 사용하여 다음과 같이 너비아니구이를 만드시오.

① 완성된 너비아니 크기는 4cm×5cm, 두께는 0.5cm 로 하시오.

② 석쇠를 사용하여 굽고, 6쪽을 제출하시오.

③ 잣가루를 고명으로 뿌리시오.

❖ 수험자 유의사항

▷ 고기가 연하도록 손질한다.

▷ 구워진 정도와 모양, 색깔에 유의하여 굽는다.

▷ 조리작품 만드는 순서는 틀리지 않게 하여야 한다.

▷ 숙련된 기능으로 맛을 내야하므로 조리 작업시 음식의 맛을 보지 않는다.

❖ 재료 및 분량

재료	분량
소고기(안심 또는 등심)	100g
대파(흰 부분 4cm 정도)	1토막
마늘 중(깐 것)	2쪽
배 (50g 정도 지급)	1/8개
잣(깐 것)	5개
진간장	50㎖
백설탕	10g
깨소금	5g
참기름	10㎖
식용유	10㎖
검은 후춧가루	2g
A4용지	1장

공통사항

채점대상에서 제외되는 경우

▷ 가스렌지 화구 2개 이상 사용한 경우
▷ 불을 사용하여 만든 조리작품이 작품특성에 벗어나는 정도로 타거나 익지 않은 것
▷ 오작 : 요리의 형태를 다르게 만들거나 해당과제의 지급재료 이외의 재료를 사용한 경우
▷ 미완성 : 문제의 요구사항대로 작품의 수량이 만들어지지 않은 경우, 요구작품 두 가지 중 한 가지 작품만 만들었을 경우, 주어진 시간 내에 완성하지 못한 경우

만드는 법

① 주어진 재료는 깨끗이 정리하고 파 · 마늘은 곱게 다진다.

② 소고기는 핏물과 힘줄, 기름기를 제거하고 결 반대로 길이 4cm×5cm 두께 0.5cm로 썰어서 칼등으로 두드려 연하게 만든다.

③ 배는 강판에 갈아 면보에 짜서 즙을 만들어 일부는 소고기에 재워 놓고 나머지는 양념장에 넣는다.

④ 간장, 설탕, 다진파, 마늘, 깨소금, 참기름, 후춧가루, 배 즙을 섞어 양념장을 만든다.

⑤ 소고기를 한 장씩 양념을 골고루 발라 재워 놓는다.

⑥ 잣에 고갈을 떼고 종이 위에 올려 곱게 다진다.

⑦ 석쇠를 불에 달구어 기름을 바른 후 양념한 고기를 석쇠에 올려 중불에서 타지 않게 굽는다.

⑧ 그릇에 너비아니구이를 담고 잣가루를 고명으로 뿌려 낸다.

재료 ▲

소고기 썰기 ▲

소고기 칼집 넣기 ▲

양념장에 재우기 ▲

석쇠에 굽기 ▲

조리순서

소고기 썰어 두드리기 ➔ 배즙 만들기 ➔ 양념장 만들기 ➔ 소고기 양념장에 재우기 ➔ 잣가루 만들기 ➔ 석쇠에 굽기 ➔ 그릇에 담아 고명으로 잣가루 뿌려 내기

Tip

▷ 소고기는 결 반대로 썰고 잔 칼집을 넣어야 부드럽다.

▷ 고기는 익으면 수축되므로 고기 손질 시 1cm정도 크게 손질한다.

▷ 양념한 고기를 석쇠에 구울 때 불 조절을 잘해야 타지 않고 양념장을 바르면서 구우면 수분이 마르지 않는다.

실습 후 확인 사항

▶ 소고기는 결 반대로 썰어 잔 칼집을 넣었는가?

예 □ 아니오 □

▶ 소고기는 길이 4cm×5cm 두께 0.5cm 로 썰었는가?

예 □ 아니오 □

▶ 석쇠는 불에 달구어 기름을 바른 후 너비아니를 구웠는가?

예 □ 아니오 □

▶ 너비아니는 잣가루를 뿌려 6쪽을 제출하였는가?

예 □ 아니오 □

제육구이

시험시간 : 30분

요구사항

※ 주어진 재료를 사용하여 다음과 같이 제육구이를 만드시오.

① 완성된 제육의 두께는 0.4cm, 너비는 4cm×5cm 정도로 하시오.

② 양념은 고추장 양념하여 석쇠에 구우시오.

③ 제육구이는 8쪽 제출하시오.

재료 및 분량

재료	분량
돼지고기(등심 또는 볼깃살)	150g
고추장	40g
대파(흰 부분 4cm 정도)	1토막
마늘 중(깐 것)	2쪽
생강	10g
진간장	10㎖
백설탕	15g
깨소금	5g
참기름	5㎖
식용유	10㎖
검은 후춧가루	2g

수험자 유의사항

▷ 구워진 표면이 마르지 않도록 한다.

▷ 구워진 고기의 모양과 색깔에 유의하여 굽는다.

▷ 조리작품 만드는 순서는 틀리지 않게 하여야 한다.

▷ 숙련된 기능으로 맛을 내야하므로 조리 작업시 음식의 맛을 보지 않는다.

공통사항

채점대상에서 제외되는 경우

▷ 가스렌지 화구 2개 이상 사용한 경우
▷ 불을 사용하여 만든 조리작품이 작품특성에 벗어나는 정도로 타거나 익지 않은 것
▷ 오작 : 요리의 형태를 다르게 만들거나 해당과제의 지급재료 이외의 재료를 사용한 경우
▷ 미완성 : 문제의 요구사항대로 작품의 수량이 만들어지지 않은 경우, 요구작품 두 가지 중 한 가지 작품만 만들었을 경우, 주어진 시간 내에 완성하지 못한 경우

만드는 법

① 주어진 재료는 깨끗이 정리하고 파 · 마늘, 생강은 곱게 다진다.

② 돼지고기는 핏물을 제거하고 기름기와 힘줄을 제거하여 너비는 4cm×5cm, 두께 0.4cm 로 썰어 칼등으로 두드리고 잔 칼집을 넣는다.

③ 고추장, 간장, 설탕, 다진파, 마늘, 생강즙, 깨소금, 참기름, 후춧가루를 섞어 양념장을 만들고 약간의 물을 넣어 농도를 맞춘다.

④ 돼지고기에 양념을 골고루 발라서 간이 베이도록 재운다.

⑤ 석쇠를 달구어 기름을 바르고 양념한 돼지고기를 올려 불 조절을 하면서 양념을 덧발라 가면서 구워 그릇에 담아 낸다.

재료 ▲

돼지고기 썰기 ▲

양념장 바르기 ▲

석쇠에 굽기 ▲

양념장 덧발라 굽기 ▲

조리순서

돼지고기 썰어 잔 칼집 넣기 ➔ 양념장 만들기 ➔ 돼지고기 양념장 발라 재우기 ➔ 석쇠 달구기 ➔ 돼지고기 굽기 ➔ 그릇담기

Tip

▷ 돼지고기는 소고기보다 조금 수축하므로 자를 때 크기를 주의한다.

▷ 고추장 양념은 나누어 발라 구어야 윤기가 나고 색이 곱다.

▷ 돼지고기는 속까지 다 익혀야 하므로 불 조절을 잘한다.

실습 후 확인 사항

▶ 돼지고기는 결 반대로 썰어 잔 칼집을 넣었는가?

예 □ 아니오 □

▶ 돼지고기 너비는 4cm×5cm, 두께 0.4cm 로 썰었는가?

예 □ 아니오 □

▶ 돼지고기에 양념장을 나누어 발라 윤기나게 구웠는가?

예 □ 아니오 □

▶ 제육구이는 8쪽을 제출하였는가?

예 □ 아니오 □

북어구이

시험시간 : 20분

요구사항

※ 주어진 재료를 사용하여 다음과 같이 북어구이를 만드시오.

① 구워진 북어의 길이는 5cm 로 하시오.

② 유장으로 초벌구이를 하시오.

③ 북어구이는 석쇠를 사용하고 굽고, 3개를 제출하시오.
(북어의 양면을 반으로 자르지 않고, 원형 그대로 제출한다.)

수험자 유의사항

▷ 북어를 물에 불려 사용한다.(이때 부서지지 않도록 유의한다.)

▷ 북어가 타지 않도록 잘 굽는다.

▷ 고추장 양념장을 만들어 북어를 무쳐서 재운다.

▷ 조리작품 만드는 순서는 틀리지 않게 하여야 한다.

▷ 숙련된 기능으로 맛을 내야하므로 조리 작업시 음식의 맛을 보지 않는다.

재료 및 분량

재료	분량
북어포 (반을 갈라 말린 껍질 있는 것 40g)	1마리
대파(흰 부분 4cm 정도)	1토막
마늘 중(깐 것)	2쪽
고추장	40g
진간장	20mℓ
백설탕	10g
깨소금	5g
참기름	15mℓ
식용유	10mℓ
검은 후춧가루	2g

공통사항	채점대상에서 제외되는 경우	▷ 가스렌지 화구 2개 이상 사용한 경우 ▷ 불을 사용하여 만든 조리작품이 작품특성에 벗어나는 정도로 타거나 익지 않은 것 ▷ 오작 : 요리의 형태를 다르게 만들거나 해당과제의 지급재료 이외의 재료를 사용한 경우 ▷ 미완성 : 문제의 요구사항대로 작품의 수량이 만들어지지 않은 경우, 요구작품 두 가지 중 한 가지 작품만 만들었을 경우, 주어진 시간 내에 완성하지 못한 경우

❖ 만드는 법

① 주어진 재료는 깨끗이 정리하고 파 · 마늘은 곱게 다진다.

② 북어는 지느러미, 꼬리를 제거한 후 물에 살짝 불린 다음 부드러워지면 물기를 제거한다.

③ 북어를 6cm 로 길이로 3토막을 자른 후 등 쪽에 칼집을 넣는다.

④ 간장과 참기름을 섞어 유장을 만들어 북어에 골고루 바른다.

⑤ 고추장, 설탕, 다진파, 마늘, 깨소금, 후춧가루, 물을 섞어 양념장을 만든다.

⑥ 석쇠를 달구어 기름을 바르고 유장에 처리한 북어를 초벌구이 한다.

⑦ 초벌구이를 한 북어에 양념장을 골고루 발라 재웠다가 굽고 양념을 덧바르면서 타지 않게 구워 그릇에 담아 낸다.

재료 ▲

북어 썰기 ▲

유장 바르기 ▲

초벌구이 ▲

양념장 발라 굽기 ▲

❖ 조리순서

북어 손질하여 불리기 ➔ 북어 잘라서 등쪽에 칼집 넣기 ➔ 북어에 유장 발라 재우기 ➔ 양념장 만들기 ➔ 북어 초벌구이 하기 ➔ 고추장 양념 발라 구워 그릇담기

❖ Tip

▷ 북어포는 굽는 과정에서 오그라들지 않도록 등 쪽에 칼집을 넣어주고 북어를 석쇠 안쪽에 넣고 손잡이를 꼭 붙잡고 구우면 모양이 반듯하다.

▷ 양념장의 농도를 잘 맞추어야 윤기가 나고 색이 곱다.

▷ 석쇠를 달군 후 기름을 바르고 구우면 북어가 잘 붙지 않는다.

❖ 실습 후 확인 사항

▶ 북어포는 물에 불려 부드럽게 하여 등쪽에 칼집을 넣었는가?

예 □ 아니오 □

▶ 북어에 유장처리를 하여 초벌구이를 하였는가?

예 □ 아니오 □

▶ 북어구이는 5cm 로 3개를 제출하였는가?

예 □ 아니오 □

생선 양념 구이

시험시간 : 30분

요구사항

※ 주어진 재료를 사용하여 다음과 같이 생선양념구이를 만드시오.

① 생선은 머리와 꼬리는 제거하지 않으며, 내장은 아가미 쪽으로 제거하시오.

② 유장으로 초벌구이를 하시오.

③ 고추장 양념을 하여 석쇠를 사용하여 구우시오.

수험자 유의사항

▷ 석쇠를 사용하여 부서지지 않게 굽도록 유의한다.

▷ 생선을 담을 때는 방향을 고려해야 한다.

▷ 조리작품 만드는 순서는 틀리지 않게 하여야 한다.

▷ 숙련된 기능으로 맛을 내야하므로 조리 작업시 음식의 맛을 보지 않는다.

재료 및 분량

재료	분량
병어(또는 조기 100g 정도)	1마리
고추장	20g
대파(흰 부분 4cm 정도)	1토막
마늘 중(깐 것)쪽	1쪽
진간장	20mℓ
백설탕	5g
소금	20g
깨소금	5g
참기름	5mℓ
식용유	10mℓ
검은 후춧가루	2g

공통사항

채점대상에서 제외되는 경우

▷ 가스렌지 화구 2개 이상 사용한 경우

▷ 불을 사용하여 만든 조리작품이 작품특성에 벗어나는 정도로 타거나 익지 않은 것

▷ 오작 : 요리의 형태를 다르게 만들거나 해당과제의 지급재료 이외의 재료를 사용한 경우

▷ 미완성 : 문제의 요구사항대로 작품의 수량이 만들어지지 않은 경우, 요구작품 두 가지 중 한 가지 작품만 만들었을 경우, 주어진 시간 내에 완성하지 못한 경우

❖ 만드는 법

① 주어진 재료는 깨끗이 정리하고 파 · 마늘은 곱게 다진다.

② 생선은 비늘과 지느러미를 손질한 후 아가미 쪽에서 나무젓가락으로 내장을 꺼낸 다음 깨끗이 씻는다.

③ 생선에 물기를 제거하고 앞 뒤로 2cm 간격으로 칼집을 넣은 후 소금을 뿌려둔다.

④ 간장과 참기름을 섞어 유장을 만들어 생선에 발라 재워 둔다.

⑤ 고추장, 간장, 설탕, 다진파, 마늘, 깨소금, 후춧가루, 물을 섞어 양념장을 만든다.

⑥ 석쇠를 달구어 기름을 바르고 유장에 재워 둔 생선을 초벌구이 한다.

⑦ 초벌구이한 생선에 양념장을 골고루 발라 굽고 생선이 익을 때까지 양념장을 덧발라 가며 타지 않게 굽는다.

⑧ 그릇에 생선의 머리가 왼쪽, 꼬리가 오른쪽, 배가 앞쪽으로 오도록 담아 낸다.

재료 ▲

내장 제거 ▲

칼집 넣기 ▲

유장 바르기 ▲

양념장 바르기 ▲

❖ 조리순서

생선 손질하기 ➔ 칼집 넣어 소금 뿌려 놓기 ➔ 유장 만들어 생선 재우기 ➔ 양념장 만들기 ➔ 생선 초벌구이 ➔ 양념장 발라 굽기 ➔ 그릇담기

❖ Tip

▷ 냉동된 생선은 해동해서 사용하고 아가미 쪽에 나무젓가락을 넣어 내장을 뺀다.

▷ 초벌구이 할 때 생선을 거의 익혀야 고추장 양념을 바른 후 타지 않게 구울 수 있다.

▷ 석쇠는 기름에 달궈 사용해야 생선살이 달아 붙지 않는다.

❖ 실습 후 확인 사항

▶ 생선은 아가미 쪽으로 내장을 제거하여 사용하였는가?

예 □ 아니오 □

▶ 생선은 앞뒤로 칼집을 넣고 유장을 발라 초벌구이 하였는가?

예 □ 아니오 □

▶ 생선에 양념장을 골고루 덧발라 가며 타지 않게 잘 구웠는가?

예 □ 아니오 □

▶ 생선의 머리는 왼쪽, 꼬리는 오른쪽, 배는 앞쪽에 오도록 그릇에 담아 냈는가?

예 □ 아니오 □

더덕구이

시험시간 : 30분

❖ 요구사항

※ 주어진 재료를 사용하여 다음과 같이 더덕구이를 만드시오.

① 더덕은 껍질을 벗겨 통으로 두드려 사용하시오.

② 유장으로 초벌구이를 하시오.

③ 길이는 5cm 정도로 하고, 고추장 양념을 하시오.
(단, 주어진 더덕의 길이를 감안한다.)

④ 석쇠를 사용하여 굽고, 8개를 제출하시오.

❖ 재료 및 분량

재료	분량
통 더덕(껍질 있는 것, 길이10~15cm 정도)	5개
고추장	30g
대파(흰 부분 4cm)	1토막
마늘 중(깐 것)	1쪽
진간장	10㎖
백설탕	5g
소금	10g
깨소금	5g
참기름	10㎖
식용유	10㎖

❖ 수험자 유의사항

▷ 더덕이 부서지지 않도록 두드린다.

▷ 더덕이 타지 않도록 굽는데 유의한다.

▷ 조리작품 만드는 순서는 틀리지 않게 하여야 한다.

▷ 숙련된 기능으로 맛을 내야하므로 조리 작업시 음식의 맛을 보지 않는다.

공통사항

채점대상에서 제외되는 경우

▷ 가스렌지 화구 2개 이상 사용한 경우
▷ 불을 사용하여 만든 조리작품이 작품특성에 벗어나는 정도로 타거나 익지 않은 것
▷ 오작 : 요리의 형태를 다르게 만들거나 해당과제의 지급재료 이외의 재료를 사용한 경우
▷ 미완성 : 문제의 요구사항대로 작품의 수량이 만들어지지 않은 경우, 요구작품 두 가지 중 한 가지 작품만 만들었을 경우, 주어진 시간 내에 완성하지 못한 경우

❖ 만드는 법

① 주어진 재료는 깨끗이 정리하고 파 · 마늘은 곱게 다진다.

② 더덕은 깨끗이 씻어 껍질을 벗기고 반으로 갈라 소금물에 담가 쓴맛을 제거한다.

③ 손질한 더덕은 물기를 제거하고 방망이로 두들겨 길이 5cm 로 8개를 만든다.

④ 간장과 참기름을 섞어 유장을 만들어 더덕에 발라 재워 둔다.

⑤ 고추장, 간장, 설탕, 다진파, 마늘, 깨소금, 물을 섞어 양념장을 만든다.

⑥ 석쇠를 달구어 기름을 바르고 유장에 재워 둔 더덕을 초벌구이 한다.

⑦ 초벌구이한 더덕에 양념장을 골고루 발라 굽고 더덕이 익을 때까지 양념장을 덧발라가며 타지 않게 굽는다.

⑧ 그릇에 더덕의 안쪽이 보이도록 담아 낸다.

재료 ▲

방망이로 더덕 밀기 ▲

유장 바르기 ▲

더덕 초벌구이 ▲

양념장 발라 굽기 ▲

❖ 조리순서

더덕 손질하여 소금물에 담그기 ➔ 더덕 두들겨서 5cm로 썰기 ➔ 유장에 더덕 재우기 ➔ 양념장 만들기 ➔ 초벌구이 하기 ➔ 고추장 양념장으로 덧발라가며 굽기 ➔ 더덕의 안쪽이 보이게 그릇담기

❖ Tip

▷ 더덕의 껍질을 벗길 때 불에 살짝 구운 후 껍질을 벗기면 끈적한 진이 나오지 않는다.

▷ 더덕은 소금물에 담가 쓴맛을 제거하고 방망이로 두드리면 더덕 살이 부서지지 않는다.

▷ 유장은 너무 많이 바르지 않으며 고추장 양념은 골고루 발라 색이 곱고 윤기 나게 굽는다.

❖ 실습 후 확인 사항

▶ 더덕은 손질하여 소금물에 담가 쓴맛을 제거했는가?

예 □ 아니오 □

▶ 더덕은 유장처리를 하여 석쇠를 달구어 초벌구이를 하였는가?

예 □ 아니오 □

▶ 더덕구이는 길이 5cm 로 8개를 제출하였는가?

예 □ 아니오 □

두부조림

시험시간 : 25분

요구사항

※ 주어진 재료를 사용하여 다음과 같이 두부조림을 만드시오.

① 조려진 두부의 크기는 균일하게 하시오.(3cm×4.5cm×0.8cm)

② 8쪽을 제출하고, 촉촉하게 보이도록 국물을 약간 끼얹어 내시오.

③ 실고추와 파채를 고명으로 사용하시오.

수험자 유의사항

▷ 두부가 부서지지 않고 질기지 않게 한다.

▷ 조림은 색깔이 좋고 윤기가 나도록 한다.

▷ 조리작품 만드는 순서는 틀리지 않게 하여야 한다.

▷ 숙련된 기능으로 맛을 내야하므로 조리 작업시 음식의 맛을 보지 않는다.

재료 및 분량

재료	분량
두부	200g
대파(고명용 푸른 부분 3cm 정도)	1토막
마늘 중(깐 것)	1쪽
실고추	1g
진간장	15㎖
백설탕	5g
소금	5g
깨소금	5g
참기름	5㎖
식용유	30㎖
검은 후춧가루	1g

공통사항

채점대상에서 제외되는 경우

▷ 가스렌지 화구 2개 이상 사용한 경우
▷ 불을 사용하여 만든 조리작품이 작품특성에 벗어나는 정도로 타거나 익지 않은 것
▷ 오작 : 요리의 형태를 다르게 만들거나 해당과제의 지급재료 이외의 재료를 사용한 경우
▷ 미완성 : 문제의 요구사항대로 작품의 수량이 만들어지지 않은 경우, 요구작품 두 가지 중 한 가지 작품만 만들었을 경우, 주어진 시간 내에 완성하지 못한 경우

◆ 만드는 법

① 주어진 재료는 깨끗이 정리하고 파 · 마늘은 곱게 다진다.

② 두부는 3cm×4.5cm×0.8cm 썰어 소금을 뿌린 다음 굽기 전에 마른 면보로 물기를 제거한다.

③ 대파와 실고추는 2cm 로 썰어 고명으로 준비한다.

④ 간장, 설탕, 다진파, 마늘, 깨소금, 참기름, 후춧가루, 물을 섞어 양념장을 만든다.

⑤ 팬에 기름을 두르고 물기를 제거한 두부를 앞 뒤로 노릇하게 지진다.

⑥ 냄비에 지진 두부를 넣고 양념장을 골고루 끼얹어 중불에서 윤기나게 조린다.

⑦ 국물이 2큰술 정도 남으면 불을 끄고 채 썬 대파, 실고추를 고명으로 얹는다.

⑧ 그릇에 두부조림 8쪽과 국물을 담아 낸다.

재료 ▲

두부 썰기 ▲

두부 지지기 ▲

양념장 넣기 ▲

두부 조리기 ▲

◆ 조리순서

두부 썰기 ➔ 대파, 실고추 고명준비 ➔ 양념장 만들기 ➔ 두부 지지기 ➔ 양념장 넣고 두부 조리기 ➔ 채썬 대파, 실고추 고명 얹기 ➔ 그릇담기

◆ Tip

▷ 두부는 제시한 크기로 써는 것이 중요하며 센불에서 지져 부서지지 않아야 한다.

▷ 두부는 팬에서 노릇하게 지져야 양념장을 넣고 졸였을 때 색이 곱다.

▷ 양념장을 골고루 끼얹으며 윤기나게 졸이며 국물을 끼얹어 낸다.

◆ 실습 후 확인 사항

▶ 두부는 3cm×4.5cm×0.8cm 크기로 썰었는가?

예 □ 아니오 □

▶ 두부는 부서지지 않고 노릇하게 지졌는가?

예 □ 아니오 □

▶ 두부조림에 고명으로 채썬 대파와 실고추를 얹고 국물을 끼얹어 8쪽을 제출했는가?

예 □ 아니오 □

홍합초

시험시간 : 20분

요구사항

※ 주어진 재료를 사용하여 다음과 같이 홍합초를 만드시오.

① 마늘과 생강은 편으로, 파는 2cm 길이로 잘라 사용하시오.

② 홍합은 전량 사용하고, 촉촉하게 보이도록 국물을 끼얹어 제출하시오.

③ 잣가루를 고명으로 뿌리시오.

수험자 유의사항

▷ 홍합을 깨끗이 손질하도록 한다.

▷ 조려진 홍합이 너무 질기지 않아야 한다.

▷ 조리작품 만드는 순서는 틀리지 않게 하여야 한다.

▷ 숙련된 기능으로 맛을 내야하므로 조리 작업시 음식의 맛을 보지 않는다.

재료 및 분량

재료	분량
생 홍합	100g
대파(흰부분 4cm 정도)	1토막
마늘 중(깐 것)	2쪽
생강	15g
잣(깐 것)	5개
진간장	40㎖
백설탕	10g
참기름	5㎖
검은 후춧가루	2g
A4용지	1장

공통사항	채점대상에서 제외되는 경우	▷ 가스렌지 화구 2개 이상 사용한 경우 ▷ 불을 사용하여 만든 조리작품이 작품특성에 벗어나는 정도로 타거나 익지 않은 것 ▷ 오작 : 요리의 형태를 다르게 만들거나 해당과제의 지급재료 이외의 재료를 사용한 경우 ▷ 미완성 : 문제의 요구사항대로 작품의 수량이 만들어지지 않은 경우, 요구작품 두 가지 중 한 가지 작품만 만들었을 경우, 주어진 시간 내에 완성하지 못한 경우

만드는 법

① 주어진 재료는 깨끗이 정리하고 마늘과 생강은 편으로 썰고 대파는 2cm 길이로 썬다.

② 생홍합은 수염을 떼고 소금물에 흔들어 씻은 후 끓는 소금물에 데쳐 낸다.

③ 잣은 고깔을 떼고 종이 위에 올려 곱게 다진다.

④ 간장, 설탕, 참기름, 후춧가루 물을 넣고 양념장을 만든다.

⑤ 냄비에 양념장을 넣고 끓이다가 데친 홍합과 마늘, 생강을 넣고 중불로 줄여 국물을 끼얹어 가면서 윤기나게 조린 후 대파를 넣는다.

⑥ 그릇에 조린 홍합과 국물을 담고 잣가루를 고명으로 뿌려 낸다.

재료 ▲

마늘 편썰기 ▲

홍합 손질 ▲

홍합 데치기 ▲

홍합 조리기 ▲

조리순서

마늘, 생강, 대파 썰기 ➔ 홍합 손질하여 데치기 ➔ 잣가루 만들기 ➔ 양념장 만들기 ➔ 마늘, 생강, 데친홍합, 대파 넣고 양념장 끓이기 ➔ 그릇에 담아 국물과 잣가루 뿌려 내기

Tip

▷ 홍합은 끓는 소금물에 살짝 데쳐서 사용한다.

▷ 홍합은 중불에서 국물을 끼얹어가며 조려야 윤기가 나며 대파는 거의 조려졌을 때 넣어야 숨이 죽지 않는다.

실습 후 확인 사항

▶ 마늘과 생강은 편으로 썰었는가?

예 □ 아니오 □

▶ 홍합은 소금물에 씻어 끓는 소금물에 데쳐서 사용했는가?

예 □ 아니오 □

▶ 국물을 끼얹어가면서 윤기나게 졸였는가?

예 □ 아니오 □

▶ 홍합초에 마늘, 생강, 대파와 국물을 담고 잣가루를 뿌려 완성했는가?

예 □ 아니오 □

오징어 볶음

시험시간 : 30분

◆ 요구사항

※ 주어진 재료를 사용하여 다음과 같이 오징어 볶음을 만드시오.

① 오징어는 0.3cm 폭으로 어슷하게 칼집을 넣고, 크기는 4cm×1.5cm 정도로 써시오.(단, 오징어 다리는 4cm 길이로 자른다.)

② 고추, 파는 일정하게 어슷썰기, 양파는 폭 1cm 정도 일정하게 굵게 채 썬다.

◆ 수험자 유의사항

▷ 오징어 손질시 먹물이 터지지 않도록 유의한다.

▷ 완성품 양념상태는 고춧가루 색이 배도록 한다.

▷ 조리작품 만드는 순서는 틀리지 않게 하여야 한다.

▷ 숙련된 기능으로 맛을 내야하므로 조리 작업시 음식의 맛을 보지 않는다.

◆ 재료 및 분량

재료	분량
물오징어(250g 정도)	1마리
양파	50g
대파 (흰부분 4cm 정도)	1토막
풋고추(길이 5cm 이상)	1개
홍고추(생)	1개
마늘 중(깐 것)	2쪽
고추장	40g
고춧가루	15g
생강	5g
진간장	10㎖
백설탕	20g
소금	5g
깨소금	5g
참기름	10㎖
식용유	30㎖
검은 후춧가루	2g

공통사항

채점대상에서 제외되는 경우

▷ 가스렌지 화구 2개 이상 사용한 경우
▷ 불을 사용하여 만든 조리작품이 작품특성에 벗어나는 정도로 타거나 익지 않은 것
▷ 오작 : 요리의 형태를 다르게 만들거나 해당과제의 지급재료 이외의 재료를 사용한 경우
▷ 미완성 : 문제의 요구사항대로 작품의 수량이 만들어지지 않은 경우, 요구작품 두 가지 중 한 가지 작품만 만들었을 경우, 주어진 시간 내에 완성하지 못한 경우

만드는 법

① 주어진 재료는 깨끗이 정리하고 파, 마늘, 생강은 곱게 다진다.

② 오징어는 반으로 갈라 내장을 제거하고 껍질을 벗겨 깨끗이 씻는다.

③ 손질한 오징어는 안쪽에 0.3cm 폭으로 어슷하게 칼집을 넣고, 크기는 4cm×1.5cm 썰어 놓고 다리는 4cm 길이로 썬다.

④ 청고추, 홍고추는 어슷하게 썰어 씨를 빼고, 대파도 어슷썰기 한다.

⑤ 양파는 폭 1cm 정도로 일정하고 굵게 채 썬다.

⑥ 고추장, 설탕, 고춧가루, 간장, 다진파, 마늘, 생강, 깨소금, 참기름, 후춧가루, 물을 섞어 양념장을 만든다.

⑦ 팬에 기름을 두르고 양파를 볶다가 오징어를 넣고 같이 볶는다.

⑧ 오징어가 거의 익어 칼집 모양이 나타나면 양념장을 넣어 볶다가 청고추, 홍고추, 대파를 넣고 살짝 볶는다.

⑨ 그릇에 오징어, 양파, 청고추, 홍고추, 대파가 어우러지도록 담아 낸다.

재료 ▲

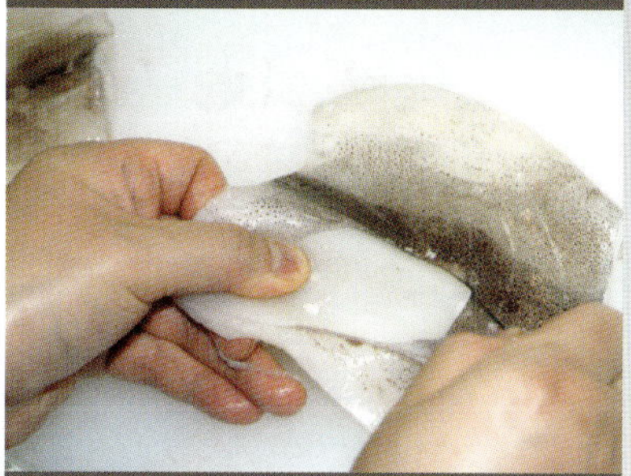
오징어 껍질 벗기기 ▲

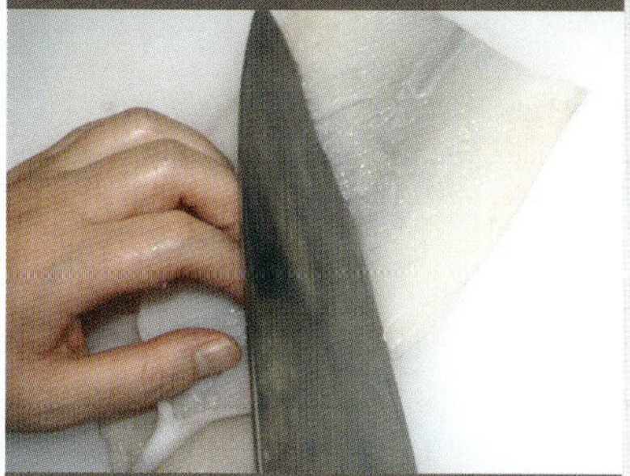
칼집 넣기 ▲

오징어 썰기 ▲

양념후 채소 넣어 볶기 ▲

조리순서

오징어 손질하기 ➔ 오징어 칼집 넣어 썰기 ➔ 청고추, 홍고추, 대파 어슷썰기 ➔ 양파 썰기 ➔ 양념장 만들기 ➔ 양파, 오징어 볶기 ➔ 양념장 넣고 볶기 ➔ 청고추, 홍고추, 대파 넣어 볶기 ➔ 그릇담기

Tip

▷ 오징어 껍질은 위에서 아래로 벗기면 잘 벗겨진다.
▷ 오징어는 안쪽에 칼집을 넣어야 솔방울 모양이 나온다.
▷ 청고추와 홍고추는 어슷하게 썰어 씨를 제거한다.
▷ 오징어 볶음은 제출하기 전에 센 불에서 볶아야 물이 생기지 않는다.

실습 후 확인 사항

▶ 오징어는 껍질을 깨끗하게 벗겨 안쪽에 칼집을 넣었는가?
예 □ 아니오 □

▶ 오징어는 4cm×1.5cm 로 썰고 다리는 4cm 길이로 썰었는가?
예 □ 아니오 □

▶ 고추는 어슷하게 썰어 씨를 제거하였는가?
예 □ 아니오 □

▶ 오징어 볶음은 양파, 오징어, 양념장, 청고추, 홍고추, 대파 순으로 넣어 볶고 물이 생기지 않도록 재빨리 볶았는가?
예 □ 아니오 □

북어 보푸라기

시험시간 : 20분

❖ 요구사항

※ 주어진 재료를 사용하여 다음과 같이 북어 보푸라기를 만드시오.

① 북어보푸라기는 소금, 간장, 고춧가루로 양념하시오.
(단, 고추기름은 사용하지 마시오.)

② 북어보푸라기는 삼색의 구분이 뚜렷하게 하시오.

❖ 재료 및 분량

재료	분량
북어포 (반을 갈라 말린 껍질이 있는 것 40g)	1마리
고춧가루(고운 것)	10g
진간장	5mℓ
백설탕	10g
소금	5g
깨소금	5g
참기름	15mℓ

❖ 수험자 유의사항

▷ 보푸라기의 상태는 일정하도록 한다.

▷ 완성품은 양념으로 인하여 질지 않도록 유의한다.

▷ 조리작품 만드는 순서는 틀리지 않게 하여야 한다.

▷ 숙련된 기능으로 맛을 내야하므로 조리 작업시 음식의 맛을 보지 않는다.

공통사항

채점대상에서 제외되는 경우

▷ 가스렌지 화구 2개 이상 사용한 경우
▷ 불을 사용하여 만든 조리작품이 작품특성에 벗어나는 정도로 타거나 익지 않은 것
▷ 오작 : 요리의 형태를 다르게 만들거나 해당과제의 지급재료 이외의 재료를 사용한 경우
▷ 미완성 : 문제의 요구사항대로 작품의 수량이 만들어지지 않은 경우, 요구작품 두 가지 중 한 가지 작품만 만들었을 경우, 주어진 시간 내에 완성하지 못한 경우

만드는 법

① 주어진 재료는 깨끗하게 손질하여 정리한다.

② 북어포는 머리와 꼬리를 잘라내고 껍질을 벗긴 후 뼈와 가시를 발라내고 강판에 갈아 보푸라기를 만들어 3등분한다.

③ 3등분한 보푸라기에 하나는 소금, 설탕, 참기름, 깨소금을 넣어 비벼 무친다.

④ 다른 보푸라기는 간장, 설탕, 참기름, 깨소금으로 비벼 보슬보슬하게 무친다.

⑤ 마지막 보푸라기는 고운고춧가루, 설탕, 참기름, 깨소금, 소금으로 비벼 마무리한다.

⑥ 그릇에 삼색의 보푸라기를 보기 좋게 담아 낸다.

재료 ▲

북어 손질 ▲

강판 갈기 ▲

보푸라기 만들기 ▲

양념하기 ▲

조리순서

북어포 손질하기 ➔ 강판에 북어포 갈기 ➔ 보푸라기 3등분하기 ➔ 소금 양념하기 ➔ 간장 양념하기 ➔ 고춧가루 양념하기 ➔ 그릇담기

Tip

▷ 북어포는 껍질과 가시를 손질하여 곱게 갈아 3등분으로 나눈다.

▷ 고춧가루는 체에 내려 색이 곱게 무친다.

▷ 간장 양념은 북어보푸라기를 가라앉게 하므로 보푸라기의 양을 약간 더 많도록 나눈다.

실습 후 확인 사항

▶ 북어는 머리, 꼬리, 껍질, 뼈, 가시를 제거하고 강판에 갈았는가?

예 □ 아니오 □

▶ 보푸라기는 3등분할 때 간장 양념용을 약간 더 많도록 나누었는가?

예 □ 아니오 □

▶ 간장, 소금, 고춧가루의 삼색이 뚜렷한가?

예 □ 아니오 □

무생채

시험시간 : 15분

요구사항

※ 주어진 재료를 사용하여 다음과 같이 무생채를 만드시오.

① 무는 0.2cm×0.2cm×6cm 크기로 채 써시오.

② 생채는 고춧가루를 사용하시오.

③ 70g 이상의 무생채를 제출하시오.

수험자 유의사항

▷ 무채는 길이와 굵기를 일정하게 썰고 무채의 색에 유의한다.

▷ 무쳐 놓은 생채는 싱싱하고 깨끗하게 한다.

▷ 식초와 설탕의 간을 맞추는데 유의한다.

▷ 조리작품 만드는 순서는 틀리지 않게 하여야 한다.

▷ 숙련된 기능으로 맛을 내야하므로 조리 작업시 음식의 맛을 보지 않는다.

재료 및 분량

재료	분량
무(길이 7cm 정도)	100g
고춧가루	10g
대파(흰 부분 4cm 정도)	1토막
마늘 중(깐 것)	1쪽
생강	5g
백설탕	10g
소금	5g
깨소금	5g
식초	5㎖

공통사항

채점대상에서 제외되는 경우

▷ 가스렌지 화구 2개 이상 사용한 경우
▷ 불을 사용하여 만든 조리작품이 작품특성에 벗어나는 정도로 타거나 익지 않은 것
▷ 오작 : 요리의 형태를 다르게 만들거나 해당과제의 지급재료 이외의 재료를 사용한 경우
▷ 미완성 : 문제의 요구사항대로 작품의 수량이 만들어지지 않은 경우, 요구작품 두 가지 중 한 가지 작품만 만들었을 경우, 주어진 시간 내에 완성하지 못한 경우

❖ 만드는 법

① 주어진 재료는 깨끗이 정리하고 파, 마늘, 생강은 곱게 다진다.

② 무는 깨끗이 다듬어 0.2cm×0.2cm×6cm 크기로 일정하게 채 썬다.

③ 고춧가루는 체에 친 후 무에 버무려 곱게 물을 들인다.

④ 소금, 설탕, 다진파, 마늘, 생강, 깨소금, 식초를 섞어 양념장을 만든다.

⑤ 고춧가루로 곱게 색을 낸 무채에 양념장을 넣고 버무려 그릇에 담아 낸다.

재료 ▲

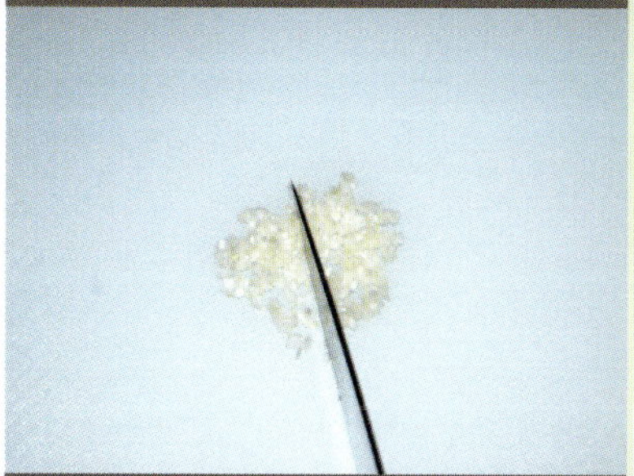

대파 다지기 ▲

무 채 썰기 ▲

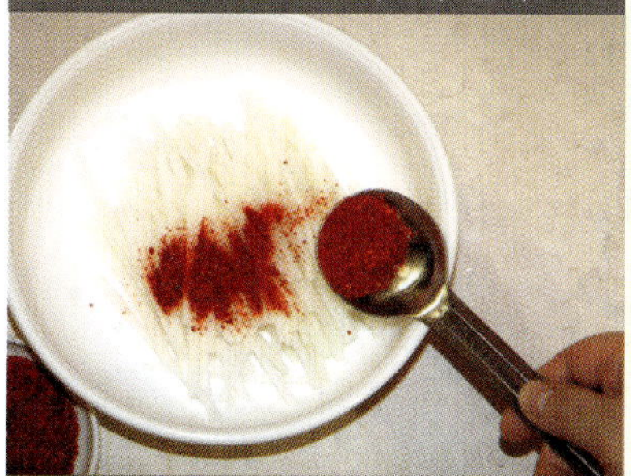

고춧가루 물들이기 ▲

양념장에 버무리기 ▲

❖ 조리순서

무 채 썰기 ➔ 무채에 고춧가루 물들이기 ➔ 양념장 만들기 ➔ 무채에 양념장 넣어 버무려 그릇담기

❖ Tip

▷ 무채에 양념을 버무릴 때는 손끝으로 가볍게 버무려야 물기 생기지 않는다.

▷ 무생채는 양념장을 넣고 버무리기 전에 고춧가루로 색을 곱게 내준다.

❖ 실습 후 확인 사항

▶ 무채는 0.2cm×0.2cm×6cm 크기로 일정하게 채 썰었는가?

예 □　　아니오 □

▶ 무채에 양념장을 넣고 버무리기 전에 고춧가루 물을 곱게 들였는가?

예 □　　아니오 □

▶ 무생채는 제출 직전에 양념장으로 버무려 국물이 생기지 않도록 하였는가?

예 □　　아니오 □

도라지 생채

시험시간 : 15분

요구사항

※ 주어진 재료를 사용하여 다음과 같이 도라지생채를 만드시오.

① 도라지의 크기는 0.3cm×0.3cm×6cm 로 썰어 사용하시오.

② 생채는 고추장, 고춧가루 양념으로 무치시오.

수험자 유의사항

▷ 도라지는 굵기와 길이를 일정하게 하도록 한다.

▷ 양념이 거칠지 않고 색이 고와야 한다.

▷ 조리작품 만드는 순서는 틀리지 않게 하여야 한다.

▷ 숙련된 기능으로 맛을 내야하므로 조리 작업시 음식의 맛을 보지 않는다.

재료 및 분량

재료	분량
통도라지 (껍질 있는 것, 길이 20cm 정도)	3개
고추장	20g
고춧가루	10g
대파 (흰부분 4cm 정도)	1토막
마늘 중(깐 것)	1쪽
소금	5g
백설탕	10g
식초	15mℓ
깨소금	5g

공통사항

채점대상에서 제외되는 경우

▷ 가스렌지 화구 2개 이상 사용한 경우

▷ 불을 사용하여 만든 조리작품이 작품특성에 벗어나는 정도로 타거나 익지 않은 것

▷ 오작 : 요리의 형태를 다르게 만들거나 해당과제의 지급재료 이외의 재료를 사용한 경우

▷ 미완성 : 문제의 요구사항대로 작품의 수량이 만들어지지 않은 경우, 요구작품 두 가지 중 한 가지 작품만 만들었을 경우, 주어진 시간 내에 완성하지 못한 경우

❖ 만드는 법

① 주어진 재료는 깨끗이 정리하고 파, 마늘은 곱게 다진다.

② 통도라지는 껍질을 제거하고 0.3cm×0.3cm×6cm 로 썰어 소금물에 넣고 충분히 주물러 쓴맛을 없애고 물에 헹구어 짠맛을 제거하고 물기를 꼭 짠다.

③ 고추장, 고춧가루, 설탕, 다진파, 마늘, 깨소금, 식초를 섞어 양념장을 만든다.

④ 물기를 짠 도라지에 양념장을 넣고 골고루 버무려 그릇에 담아 낸다.

재료 ▲

도라지 손질하기 ▲

도라지 채썰기 ▲

도라지 쓴맛 제거 ▲

양념장에 버무리기 ▲

❖ 조리순서

도라지 손질하기 ➔ 양념장 만들기 ➔ 도라지를 양념장으로 버무려 그릇담기

❖ Tip

▷ 도라지는 채 썰어 소금으로 주물러 물에 헹구어 쓴맛을 없앤다.

▷ 도라지생채는 제출하기 직전에 양념을 버무려야 물이 생기지 않는다.

▷ 고춧가루는 체에 내려서 사용한다.

❖ 실습 후 확인 사항

▶ 도라지는 0.3cm×0.3cm×6cm 로 채 썰어 소금에 주물러 쓴맛을 제거하였는가?

예 □ 아니오 □

▶ 고춧가루는 체에 내려 사용 하였는가?

예 □ 아니오 □

▶ 도라지생채는 제출 직전에 양념장에 버무렸는가?

예 □ 아니오 □

더덕 생채

시험시간 : 20분

요구사항

※ 주어진 재료를 사용하여 다음과 같이 더덕생채를 만드시오.

① 더덕은 5cm 정도의 길이로 썰어 두들겨 편 후 찢으시오.

② 양념은 고춧가루로 양념하고, 전량 제출하시오.

수험자 유의사항

▷ 더덕은 두드릴 때 부스러지지 않도록 한다.

▷ 무치기 전에 쓴맛을 빼도록 한다.

▷ 무쳐진 상태가 깨끗하고 빛이 고와야 한다.

▷ 조리작품 만드는 순서는 틀리지 않게 하여야 한다.

재료 및 분량

재료	분량
통더덕 (껍질 있는 것, 길이 10~15cm 정도)	5개
대파(흰부분 4cm 정도)	1토막
마늘 중(깐 것)	1쪽
고춧가루	20g
백설탕	5g
소금	5g
깨소금	5g
식초	5mℓ

공통사항

채점대상에서 제외되는 경우

▷ 가스렌지 화구 2개 이상 사용한 경우

▷ 불을 사용하여 만든 조리작품이 작품특성에 벗어나는 정도로 타거나 익지 않은 것

▷ 오작 : 요리의 형태를 다르게 만들거나 해당과제의 지급재료 이외의 재료를 사용한 경우

▷ 미완성 : 문제의 요구사항대로 작품의 수량이 만들어지지 않은 경우, 요구작품 두 가지 중 한 가지 작품만 만들었을 경우, 주어진 시간 내에 완성하지 못한 경우

❖ 만드는 법

① 주어진 재료는 깨끗이 정리하고 파, 마늘은 곱게 다진다.

② 더덕은 돌려가며 껍질을 벗기고 5cm 길이로 얇게 썰어 소금물에 담가 쓴맛을 제거한 다음 면보에 싸서 물기를 없애고 밀대로 밀어 가늘고 길게 찢는다.

③ 고춧가루를 체에 내려 찢어 놓은 더덕에 고춧가루 물을 들인다.

④ 고추장, 고춧가루, 다진파, 마늘, 설탕, 깨소금, 식초를 넣어 양념장을 만든다.

⑤ 고춧물을 들인 더덕에 양념장을 넣고 골고루 버무려 그릇에 담아 낸다.

재료 ▲

더덕껍질 벗기기 ▲

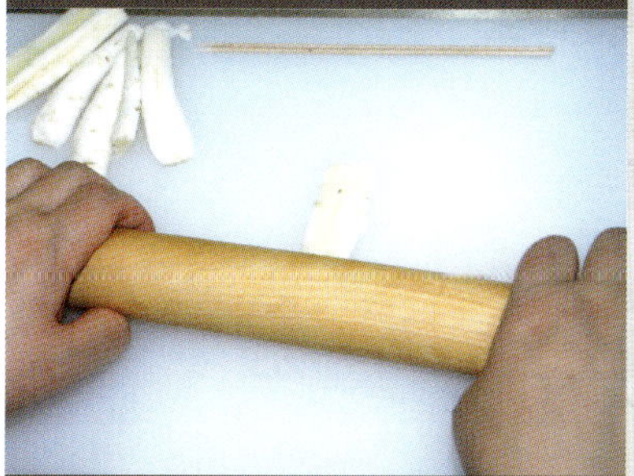

방망이로 더덕 밀기 ▲

더덕 찢기 ▲

양념장에 버무리기 ▲

❖ 조리순서

더덕 껍질제거 ➔ 더덕 소금물에서 쓴맛빼기 ➔ 더덕 가늘고 길게 찢기 ➔ 더덕에 고춧물들이기 ➔ 양념장 만들기 ➔ 양념장 버무려 그릇담기

❖ Tip

▷ 더덕은 소금물에 담가 쓴맛을 빼고 밀대로 밀거나 두들겨야 살이 부서지지 않는다.

▷ 고춧가루를 체에 내려 사용하면 생채 색깔이 곱다

▷ 양념은 제출 직전에 골고루 무친 후 부풀려서 담아낸다.

❖ 실습 후 확인 사항

▶ 더덕은 소금물에 담가 쓴맛을 제거하고 밀대로 두들겨 살이 부서지지 않도록 가늘고 길게 찢었는가?

예 □ 아니오 □

▶ 고춧가루를 체에 내려 더덕에 고춧물을 들였는가?

예 □ 아니오 □

▶ 양념은 제출 직전에 골고루 무치고 담을 때는 부풀려 소복하게 담아냈는가?

예 □ 아니오 □

겨자채

시험시간 : 35분

요구사항

※ 주어진 재료를 사용하여 다음과 같이 겨자채를 만드시오.

① 채소, 편육, 황 · 백지단, 배는 폭 1cm, 길이 4cm, 두께 0.3cm 로 일정하게 써시오.(단, 지급된 재료의 크기에 따라 가감한다.)

② 밤은 재료의 모양대로 납작하게 저며 썬다.

③ 겨자를 개서 간을 맞춘 후 준비한 재료들을 무쳐서 담아내시오.

수험자 유의사항

▷ 채소는 싱싱하게 아삭거릴 수 있도록 준비한다.

▷ 겨자는 매운 맛이 나도록 준비 한다.

▷ 잣은 반을 쪼개어 고명으로 얹는다.

▷ 조리작품 만드는 순서는 틀리지 않게 하여야 한다.

▷ 숙련된 기능으로 맛을 내야하므로 조리 작업시 음식의 맛을 보지 않는다.

재료 및 분량

재료	분량
양배추(길이 5cm)	50g
오이(가늘고 곧은 것 20cm 정도)	1/3개
당근(길이 7cm 정도, 중)	50g
소고기(살코기 길이 5cm)	50g
배(중, 길이로 등분 50g 정도)	1/8개
달걀	1개
밤 중(생 것, 껍질 깐 것)	2개
잣(깐 것)	5개
겨자가루	6g
진간장	5mℓ
백설탕	20g
소금	5g
식초	10mℓ
식용유	10mℓ

공통사항

채점대상에서 제외되는 경우

▷ 가스렌지 화구 2개 이상 사용한 경우

▷ 불을 사용하여 만든 조리작품이 작품특성에 벗어나는 정도로 타거나 익지 않은 것

▷ 오작 : 요리의 형태를 다르게 만들거나 해당과제의 지급재료 이외의 재료를 사용한 경우

▷ 미완성 : 문제의 요구사항대로 작품의 수량이 만들어지지 않은 경우, 요구작품 두 가지 중 한 가지 작품만 만들었을 경우, 주어진 시간 내에 완성하지 못한 경우

❖ 만드는 법

① 주어진 재료는 깨끗이 손질하고 정리한다.

② 냄비에 물이 끓으면 소고기를 넣고 삶아 면보에 싸서 무거운 물건으로 눌러 놓는다.

③ 겨자가루는 따뜻한 물로 되직하게 개어 끓는 냄비 뚜껑 위에 올려 매운맛이 나도록 발효 시킨다.

④ 양배추, 오이, 당근은 1cm×4cm×0.3cm로 썰어 찬물에 담가 싱싱하게 해놓는다.

⑤ 배는 1cm×4cm×0.3cm 로 썰고 밤은 생긴 모양대로 썰어 설탕물에 담가 둔다.

⑥ 달걀은 황 · 백 지단을 부쳐 1cm×4cm×0.3cm 로 썬다.

⑦ 삶은 편육은 1cm×4cm×0.3cm 로 썬다.

⑧ 발효된 겨자에 간장, 설탕, 소금, 식초를 넣고 섞어 겨자즙을 만든다.

⑨ 물에 담가 놓았던 양배추, 오이, 당근, 배, 밤을 체에 밭쳐 물기를 뺀 후 면보로 한 번 더 물기를 제거한다.

⑩ 그릇에 물기를 제거한 채소와 달걀 황 · 백 지단, 편육을 함께 넣고 겨자즙으로 골고루 버무린다.

⑪ 그릇에 겨자채를 담고 고깔을 제거한 잣을 반으로 쪼갠 비닐 잣을 고명으로 얹어 낸다.

재료 ▲

편육 삶기 ▲

채소 썰기 ▲

찬물에 담그기 ▲

겨자장에 버무리기 ▲

❖ 조리순서

소고기 삶기 ➔ 겨자 발효 ➔ 양배추, 오이, 당근 썰어 찬물에 담가 놓기 ➔ 배, 밤 썰어 설탕물에 담가 놓기 ➔ 달걀 황 · 백지단 부치기 ➔ 편육 썰기 ➔ 겨자즙 만들기 ➔ 양배추, 오이, 당근, 배, 밤 수분 제거 ➔ 재료에 겨자즙으로 버무리기 ➔ 그릇 담아 고명으로 비닐 잣 얹기

❖ Tip

▷ 겨자는 따뜻한 물에 개어 따뜻한 곳에 발효 시켜야 매운맛을 낼 수 있다.

▷ 편육은 식은 후에 썰어야 부스러지지 않고 모양을 낼 수 있다.

▷ 채소는 싱싱하게 보존하기 위해서 찬물에 담가둔다.

❖ 실습 후 확인 사항

▶ 겨자는 따뜻한 물에 개어 끓는 냄비 위에 올려 발효 시켰는가?

예 □ 아니오 □

▶ 양배추, 오이, 당근은 1cm×4cm×0.3cm 로 썰어 찬물에 담갔는가?

예 □ 아니오 □

▶ 배 1cm×4cm×0.3cm 로 썰고, 밤은 생긴 모양대로 썰어 설탕물에 담갔는가?

예 □ 아니오 □

▶ 겨자채에 잣은 비닐 잣으로 고명을 얹어 제출했는가?

예 □ 아니오 □

탕평채

시험시간 : 35분

요구사항

※ 주어진 재료를 사용하여 다음과 같이 탕평채를 만드시오.

① 청포묵의 크기는 0.4cm×0.4cm×6cm 로 하시오.

② 모든 부재료의 길이는 4~5cm 로 하시오.
(단, 지급된 재료의 크기에 따라 가감한다.)

③ 소고기, 미나리, 숙주와 청포묵은 초간장으로 무쳐서 담는다.

④ 황 · 백 지단은 4cm 길이로 채 썰고, 김은 구워 부셔서 고명으로 얹어 내시오.

수험자 유의사항

▷ 청포묵의 굵기와 길이는 일정하게 한다.

▷ 숙주는 거두절미하고, 미나리는 다듬어 데친다.

▷ 조리작품 만드는 순서는 틀리지 않게 하여야 한다.

▷ 숙련된 기능으로 맛을 내야하므로 조리 작업시 음식의 맛을 보지 않는다.

재료 및 분량

재료	분량
청포묵 중(길이 6cm)	150g
소고기 살코기(길이 5cm)	20g
숙주(생 것)	20g
미나리(줄기부분)	10g
달걀	1개
김	1/4장
대파(흰부분 4cm 정도)	1토막
마늘 중(깐 것)	2쪽
진간장	20mℓ
백설탕	5g
소금	5g
참기름	5mℓ
깨소금	5g
식초	5mℓ
식용유	10mℓ
검은후춧가루	1g

공통사항

채점대상에서 제외되는 경우	▷ 가스렌지 화구 2개 이상 사용한 경우 ▷ 불을 사용하여 만든 조리작품이 작품특성에 벗어나는 정도로 타거나 익지 않은 것 ▷ 오작 : 요리의 형태를 다르게 만들거나 해당과제의 지급재료 이외의 재료를 사용한 경우 ▷ 미완성 : 문제의 요구사항대로 작품의 수량이 만들어지지 않은 경우, 요구작품 두 가지 중 한 가지 작품만 만들었을 경우, 주어진 시간 내에 완성하지 못한 경우

❖ 만드는 법

① 주어진 재료는 깨끗이 정리하고 파, 마늘은 곱게 다진다.

② 청포묵은 0.4cm×0.4cm×6cm 로 채 썬다.

③ 숙주는 머리와 꼬리를 제거한 다음 끓는 물에 데쳐서 소금, 참기름으로 밑간한다.

④ 미나리는 잎을 제거하고 4~5cm 로 썰어 놓는다.

⑤ 소고기는 기름기와 힘줄을 제거하고 4~5cm 로 썰어 놓는다.

⑥ 간장, 설탕, 다진파, 마늘, 깨소금, 참기름, 후춧가루를 넣고 섞어 양념장을 만들어 소고기에 양념한다.

⑦ 냄비에 물이 끓으면 소금을 넣고 청포묵, 미나리를 데치고 청포묵은 소금과 참기름으로 밑간한다.

⑧ 달걀은 황 · 백 지단을 부쳐 4cm 길이로 채 썬다.

⑨ 팬에 양념한 소고기를 볶는다.

⑩ 김은 살짝 구워서 잘게 부셔서 김 가루를 만든다.

⑪ 간장, 식초, 설탕을 넣고 섞어 초간장을 만든다.

⑫ 그릇에 청포묵, 미나리, 숙주, 소고기를 넣고 초간장으로 버무린다.

⑬ 그릇에 청포묵을 담고 달걀 황 · 백지단과 김 가루를 고명으로 얹어 낸다.

재료 ▲

묵 썰기 ▲

숙주 데치기 ▲

황 · 백지단 썰기 ▲

양념장에 버무리기 ▲

❖ 조리순서

숙주 데쳐 밑간하기 ➔ 미나리 썰기 ➔ 소고기 채썰기 ➔ 소고기 양념하기 ➔ 청포묵, 미나리 데치기 ➔ 청포묵 밑간 ➔ 달걀황 · 백지단 부쳐 채썰기 ➔ 소고기 볶기 ➔ 김 구워 김 가루 만들기 ➔ 초간장 만들기 ➔ 청포묵, 미나리, 숙주, 소고기, 초간장으로 버무리기 ➔ 그릇에 담고 고명으로 달걀지단, 김 가루 얹어내기

❖ Tip

▷ 청포묵을 채 썰 때 칼날에 물기가 있으면 썰기가 편하다.

▷ 청포묵은 데쳐서 소금과 참기름으로 밑간한다.

▷ 청포묵을 초간장으로 미리 무쳐 놓으면 미나리 색이 누렇게 변하므로 제출 직전에 버무린다.

❖ 실습 후 확인 사항

▶ 청포묵은 0.4cm×0.4cm×6cm 로 채 썰어 데친 후 소금, 참기름으로 밑간을 했는가?

예 □ 아니오 □

▶ 청포묵은 제출 직전에 버무려 미나리 색이 변하지 않았는가?

예 □ 아니오 □

▶ 달걀 황 · 백지단과 김 가루를 고명으로 얹어 제출했는가?

예 □ 아니오 □

잡채

시험시간 : 35분

요구사항

※ 주어진 재료를 사용하여 다음과 같이 잡채를 만드시오.

① 소고기, 양파, 오이, 당근, 도라지, 표고버섯은 0.3cm×0.3cm×6cm 크기로 만드시오.(단, 지급된 재료의 크기에 따라 가감한다.)

② 숙주는 데치고 목이버섯은 찢어서 사용하시오.

③ 황 · 백 지단은 0.2cm×0.2cm×6cm 크기로 채 썰어 고명으로 얹으시오.

수험자 유의사항

▷ 주어진 재료는 굵기와 길이가 일정하게 한다.

▷ 당면은 알맞게 삶아서 간한다.

▷ 모든 재료는 양과 색깔의 배합에 유의한다.

▷ 조리작품 만드는 순서는 틀리지 않게 하여야 한다.

▷ 숙련된 기능으로 맛을 내야하므로 조리 작업시 음식의 맛을 보지 않는다.

공통사항	채점대상에서 제외되는 경우	▷ 가스렌지 화구 2개 이상 사용한 경우 ▷ 불을 사용하여 만든 조리작품이 작품특성에 벗어나는 정도로 타거나 익지 않은 것 ▷ 오작 : 요리의 형태를 다르게 만들거나 해당과제의 지급재료 이외의 재료를 사용한 경우 ▷ 미완성 : 문제의 요구사항대로 작품의 수량이 만들어지지 않은 경우, 요구작품 두 가지 중 한 가지 작품만 만들었을 경우, 주어진 시간 내에 완성하지 못한 경우

재료 및 분량

재료	분량
당면	20g
소고기(살코기, 길이 7cm)	30g
건표고버섯 (지름 5cm 정도, 물에 불린 것)	1개
건목이버섯	2개
양파	50g
오이(가늘고 곧은 것 20cm 정도)	1/3개
당근(길이 7cm, 중)	50g
통도라지 (껍질 있는 것, 길이 20cm 정도)	1개
숙주(생것)	20g
달걀	1개
대파(흰 부분 4cm 정도)	1토막
마늘 중(깐 것)	2쪽
진간장	20mℓ
백설탕	10g
참기름	5mℓ
깨소금	5g
검은후춧가루	1g
소금	15g
식용유	50mℓ

만드는 법

① 주어진 재료는 깨끗이 정리하고 파, 마늘은 곱게 다진다.

② 숙주는 머리와 꼬리를 제거한 다음 끓는 물에 데쳐서 소금, 참기름으로 밑간한다.

③ 오이는 6cm 로 썰어 돌려 깎기 한 다음 0.3cm×0.3cm 로 채 썰어 소금물에 절였다 면보로 물기를 제거한다.

④ 당근과 양파는 6cm×0.3cm×0.3cm 로 채 썬다.

⑤ 도라지는 껍질을 벗겨 6cm×0.3cm×0.3cm 로 채썰어 소금물에 담가 쓴맛을 제거하고 면보로 물기를 제거한다.

⑥ 불린 표고버섯은 물기를 제거하고 기둥을 떼어 0.3cm×0.3cm×6cm 로 채 썬다.

⑦ 소고기는 기름기와 힘줄을 제거하고 6cm×0.3cm×0.3cm 로 채 썬다.

⑧ 목이버섯은 따뜻한 물에 불려 물기를 제거하고 손으로 알맞게 찢는다.

⑨ 간장, 설탕, 다진파, 마늘, 깨소금, 참기름, 후춧가루를 넣고 섞어 양념장을 만들어 표고버섯, 소고기, 목이버섯에 양념한다.

⑩ 끓는 물에 당면을 삶아 물에 헹구어 물기를 뺀 후 적당한 크기로 자르고 간장, 설탕, 참기름으로 밑간을 한다.

⑪ 달걀은 황·백 지단을 부쳐 0.2cm×0.2cm×6cm 로 채 썬다.

⑫ 팬에 기름을 두르고 숙주, 도라지, 양파, 오이, 당근, 표고버섯, 목이버섯, 소고기, 당면 순으로 볶는다.

⑬ 그릇에 볶은 재료를 넣고 간장, 설탕, 참기름, 깨소금을 넣고 버무려 간과 색을 맞춘다.

⑭ 그릇에 잡채를 담고 달걀 황·백지단을 고명으로 얹어 낸다.

재료 ▲

채소 썰기 ▲

당면 밑간하기 ▲

오이채 볶기 ▲

재료 혼합 ▲

조리순서

숙주 데쳐 밑간하기 ➜ 오이 채썰기 ➜ 당근, 양파 채썰기 ➜ 도라지 채썰기 ➜ 표고버섯, 소고기 채썰기 ➜ 목이버섯 손질 ➜ 표고버섯, 소고기, 목이버섯 양념하기 ➜ 당면 삶아 밑간하기 ➜ 달걀 황·백지단 부쳐 채썰기 ➜ 숙주, 도라지, 양파, 오이, 당근, 표고버섯, 목이버섯, 소고기, 당면 순으로 볶기 ➜ 볶은 재료에 간과 색 맞추기 ➜ 그릇에 담고 고명으로 달걀 황·백지단 얹어 내기

Tip

▷ 채소의 길이는 일정하게 채 썰어야 모양이 깔끔한 잡채를 만들 수 있다.

▷ 당면은 삶아서 퍼지지 않도록 간장, 설탕, 참기름으로 밑간을 해놓는다.

▷ 팬을 사용 할 때는 색이 깨끗한 것부터 볶는다.

실습 후 확인 사항

▶ 숙주는 머리와 꼬리를 제거하고 데쳐서 소금과 참기름에 밑간하였는가?
예 □ 아니오 □

▶ 도라지, 양파, 오이, 당근, 표고버섯, 소고기는 0.3cm×0.3cm×6cm 로 채 썰었는가?
예 □ 아니오 □

▶ 당면을 삶아서 간장, 설탕, 참기름으로 밑간을 했는가?
예 □ 아니오 □

▶ 볶은 재료에 간과 색을 맞추고 달걀 황·백지단을 고명으로 얹어 제출하였는가?
예 □ 아니오 □

칠절판

시험시간 : 40분

요구사항

※ 주어진 재료를 사용하여 다음과 같이 칠절판을 만드시오.

① 밀전병은 직경 6cm 되도록 6개를 만드시오.

② 채소와 황 · 백 지단, 소고기의 크기는 0.2cm×0.2cm×5cm 정도로 채를 써시오.

③ 석이버섯은 곱게 채를 써시오.

수험자 유의사항

▷ 밀전병의 반죽상태에 유의한다.

▷ 완성된 채소 색깔에 유의한다.

▷ 조리작품 만드는 순서는 틀리지 않게 하여야 한다.

▷ 숙련된 기능으로 맛을 내야하므로 조리 작업시 음식의 맛을 보지 않는다.

재료 및 분량

재료	분량
소고기(살코기, 길이 6cm)	50g
오이(가늘고 곧은 것 20cm 정도)	1/2개
당근(길이7cm 정도, 중)	50g
석이버섯(부서지지 않은 것, 마른 것)	15g
밀가루(중력분)	50g
달걀	1개
대파(흰 부분 4cm 정도)	1토막
마늘 중(깐 것)	2쪽
진간장	20㎖
백설탕	10g
깨소금	5g
소금	10g
참기름	10㎖
식용유	30㎖
검은후춧가루	1g

공통사항

채점대상에서 제외되는 경우

▷ 가스렌지 화구 2개 이상 사용한 경우

▷ 불을 사용하여 만든 조리작품이 작품특성에 벗어나는 정도로 타거나 익지 않은 것

▷ 오작 : 요리의 형태를 다르게 만들거나 해당과제의 지급재료 이외의 재료를 사용한 경우

▷ 미완성 : 문제의 요구사항대로 작품의 수량이 만들어지지 않은 경우, 요구작품 두 가지 중 한 가지 작품만 만들었을 경우, 주어진 시간 내에 완성하지 못한 경우

만드는 법

① 주어진 재료는 깨끗이 정리하고 파, 마늘은 곱게 다진다.

② 오이는 5cm 로 썰어 돌려 깎기하여 0.2cm×0.2cm 로 채 썰어 소금물에 절였다 면보로 물기를 제거한다.

③ 당근은 5cm×0.2cm×0.2cm 로 채 썬다.

④ 석이버섯은 따뜻한 물에 불려 깨끗이 비벼 씻어 돌돌 말아 가늘게 채 썰어 참기름과 소금으로 밑간한다.

⑤ 소고기는 기름기와 힘줄을 제거하고 5cm×0.2cm×0.2cm 로 채 썬다.

⑥ 간장, 설탕, 다진파, 마늘, 깨소금, 참기름, 후춧가루를 넣고 섞어 양념장을 만들어 소고기에 양념한다.

⑦ 달걀은 황·백 지단을 부쳐 5cm×0.2cm×0.2cm 로 채 썬다.

⑧ 밀가루는 물과 동량으로 소금을 넣고 개어 체에 내려 밀전병 반죽을 한다.

⑨ 팬에 기름을 두르고 밀전병 반죽을 1/2큰술 떠서 직경 6cm 크기로 둥글고 얇게 6개를 부친다.

⑩ 팬에 기름을 두르고 오이, 당근, 석이버섯, 소고기 순으로 볶는다.

⑪ 그릇 가운데에 밀전병을 담고 여섯 가지 재료를 색을 맞춰 돌려 담는다.

재료 ▲

오이 썰기 ▲

지단 썰기 ▲

밀전병 부치기 ▲

당근 볶기 ▲

조리순서

오이 채 썰어 소금에 절이기 ➔ 당근 채 썰기 ➔ 석이버섯 채 썰어 밑간하기 ➔ 소고기 채썰기 ➔ 소고기 양념하기 ➔ 달걀 황·백지단 부쳐 채썰기 ➔ 밀전병 반죽해서 부치기 ➔ 오이, 당근, 석이버섯, 소고기 순으로 볶기 ➔ 그릇에 밀전병과 여섯 가지 재료 담아내기

Tip

▷ 모든 재료는 곱게 채 썰고 채소는 단시간에 볶아 색을 선명하게 유지시킨다.

▷ 밀전병은 팬에 기름기를 닦아내고 약한 불에서 부쳐야 매끄럽다.

▷ 석이버섯은 참기름의 양을 적게 넣고 볶아야 고슬고슬하다.

실습 후 확인 사항

▶ 오이, 당근, 소고기, 달걀 황·백지단은 5cm×0.2cm×0.2cm 로 곱게 채 썰었는가?

예 □　　아니오 □

▶ 석이버섯은 곱게 채 썰어 소금, 참기름으로 밑간하여 고슬고슬하게 볶았는가?

예 □　　아니오 □

▶ 밀전병은 직경이 6cm로 둥글고 얇게 6개를 부쳤는가?

예 □　　아니오 □

미나리 강회

시험시간 : 35분

요구사항

※ 주어진 재료를 사용하여 다음과 같이 미나리강회를 만드시오.

① 강회의 폭은 1.5cm, 길이는 5cm 정도로 하시오.

② 붉은 고추의 폭은 0.5cm, 길이는 4cm 로 하시오.

③ 강회는 8개 제출하고 초고추장을 곁들이시오.

수험자 유의사항

▷ 각 재료 크기를 같게 한다.(붉은고추의 폭은 제외)

▷ 색깔은 조화 있게 만든다.

▷ 조리작품 만드는 순서는 틀리지 않게 하여야 한다.

▷ 숙련된 기능으로 맛을 내야하므로 조리 작업시 음식의 맛을 보지 않는다.

재료 및 분량

재료	분량
소고기(살코기 길이 7cm)	80g
미나리(줄기부분)	30g
홍고추(생)	1개
달걀	2개
고추장	15g
백설탕	5g
소금	5g
식초	5mℓ
식용유	10mℓ

공통사항

채점대상에서 제외되는 경우

▷ 가스렌지 화구 2개 이상 사용한 경우

▷ 불을 사용하여 만든 조리작품이 작품특성에 벗어나는 정도로 타거나 익지 않은 것

▷ 오작 : 요리의 형태를 다르게 만들거나 해당과제의 지급재료 이외의 재료를 사용한 경우

▷ 미완성 : 문제의 요구사항대로 작품의 수량이 만들어지지 않은 경우, 요구작품 두 가지 중 한 가지 작품만 만들었을 경우, 주어진 시간 내에 완성하지 못한 경우

❖ 만드는 법

① 주어진 재료는 깨끗이 손질하여 정리한다.

② 미나리는 뿌리와 잎을 제거하고 끓는 물에 소금을 넣고 데쳐서 찬물에 헹구어 물기를 짠다.

③ 소고기는 끓는 물에 삶아 면보에 싸서 모양을 잡아 폭 1.5cm, 길이 5cm 로 썬다.

④ 달걀은 황 · 백으로 지단을 두툼하게 부쳐 폭 1.5cm, 길이 5cm 크기로 썬다.

⑤ 홍고추는 반으로 갈라 씨를 빼고 폭 0.5cm, 길이 4cm 로 썬다.

⑥ 편육, 백색지단, 황색지단, 홍고추 순으로 놓고 미나리로 중심부위를 돌려 감아 뒷면에서 정리하며 마무리한다.

⑦ 고추장, 설탕, 식초를 잘 섞어 초고추장을 만든다.

⑧ 그릇에 미나리강회 8개를 담고 초고추장을 곁들여 낸다.

재료 ▲

미나리 데치기 ▲

편육 삶기 ▲

지단 썰기 ▲

미나리 돌려 말기 ▲

❖ 조리순서

미나리 소금물에 데치기 ➔ 소고기 삶아 썰기 ➔ 황 · 백지단 썰기 ➔ 홍고추 썰기 ➔ 미나리강회 완성 ➔ 초고추장 만들기 ➔ 그릇에 담아 초고추장 곁들여 내기

❖ Tip

▷ 미나리는 겹치지 않도록 돌려 감아 깔끔한 모양이 나도록한다.

▷ 편육은 식은 후 썰어야 부서지지 않는다.

▷ 미나리강회의 색과 모양을 확인한다.

❖ 실습 후 확인 사항

▶ 미나리는 뿌리와 잎을 제거하고 끓는 소금물에 데쳤는가?

예 □ 아니오 □

▶ 소고기와 달걀 황 · 백지단은 폭 1.5cm, 길이 5cm 크기 썰었는가?

예 □ 아니오 □

▶ 홍고추는 폭 0.5cm, 길이 4cm 로 썰었는가?

예 □ 아니오 □

▶ 미나리강회는 색과 모양을 일정하게 만들고 초고추장을 곁들였는가?

예 □ 아니오 □

육회

시험시간 : 20분

요구사항

※ 주어진 재료를 사용하여 다음과 같이 육회를 만드시오.

① 소고기는 폭 0.3cm, 두께 0.3cm 로 곱게 채 썰고 소금 양념으로 하시오.

② 마늘은 편으로 썰어 장식하고 잣가루를 고명으로 한다.

③ 70g 이상의 완성된 육회를 제출하시오.

수험자 유의사항

▷ 소고기의 채를 고르게 썬다.

▷ 배와 양념한 소고가의 변색에 유의한다.

▷ 조리작품 만드는 순서는 틀리지 않게 하여야 한다.

▷ 숙련된 기능으로 맛을 내야하므로 조리 작업시 음식의 맛을 보지 않는다.

재료 및 분량

재료	분량
소고기(살코기)	90g
배 중(100g 정도 지급)	1/4개
잣(깐 것)	5개
대파(흰부분 4cm 정도)	2토막
마늘 중(깐 것)	5개
소금	5g
백설탕	30g
참기름	10mℓ
깨소금	5g
검은후춧가루	2g
A4용지	1장

공통사항

채점대상에서 제외되는 경우

▷ 가스렌지 화구 2개 이상 사용한 경우
▷ 불을 사용하여 만든 조리작품이 작품특성에 벗어나는 정도로 타거나 익지 않은 것
▷ 오작 : 요리의 형태를 다르게 만들거나 해당과제의 지급재료 이외의 재료를 사용한 경우
▷ 미완성 : 문제의 요구사항대로 작품의 수량이 만들어지지 않은 경우, 요구작품 두 가지 중 한 가지 작품만 만들었을 경우, 주어진 시간 내에 완성하지 못한 경우

만드는 법

① 주어진 재료는 깨끗이 정리하고 마늘은 편으로 썰고 나머지 마늘과 파는 곱게 다진다.

② 잣은 고깔을 떼고 종이 위에서 곱게 다져 잣가루를 만든다.

③ 배는 껍질을 벗긴 후 채 썰어 설탕물에 담근다.

④ 소고기는 기름기 없는 살코기를 결 반대 방향으로 폭 0.3cm, 두께 0.3cm 로 곱게 채썰어 치킨 타올로 핏물을 제거한다.

⑤ 다진파, 마늘, 소금, 설탕, 깨소금, 참기름, 후춧가루로 양념장을 만들어 채 썬 고기를 버무린다.

⑥ 설탕물에 담가 둔 배를 건져 면보로 물기를 제거한 후 그릇에 돌려 담고 양념한 육회를 얹은 후 마늘 편을 육회에 감싸며 돌려 담은 후 육회 위에 고명으로 잣가루를 뿌린다.

재료 ▲

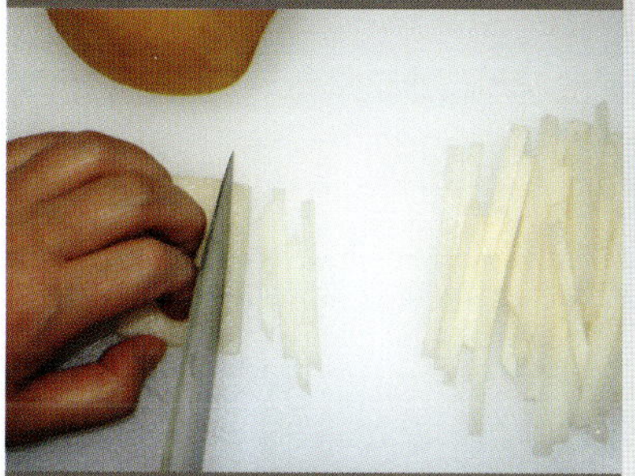

배 채썰기 ▲

마늘 편썰기 ▲

소고기 채썰기 ▲

양념장에 버무리기 ▲

조리순서

마늘 편 썰기 ➔ 잣 다지기 ➔ 배 채썰어 설탕물에 담그기 ➔ 소고기 채썰기 ➔ 소고기 양념하기 ➔ 배 물기 제거 후 접시에 돌려 담기 ➔ 육회 얹고 마늘 편 돌려 담기 ➔ 고명으로 잣가루 뿌려 내기

Tip

▷ 갈변방지를 위해 배는 소금물이나 설탕물에 담갔다가 사용한다.

▷ 소고기는 핏물을 제거해서 사용해야 배에 핏물이 스며들어 변색되는 것을 방지할 수 있다.

▷ 소고기는 결 반대로 썰어 질감이 연하도록하며 설탕, 참기름, 마늘을 많이 쓴다.

실습 후 확인 사항

▶ 소고기는 결 반대 방향으로 폭 0.3cm, 두께 0.3cm 곱게 채 썰어 핏물을 제거하였는가?

예 □ 아니오 □

▶ 채 썬 배는 설탕물에 담가두었는가?

예 □ 아니오 □

▶ 육회를 담고 편으로 썬 마늘로 육회를 돌려 담아 고명으로 잣가루를 뿌렸는가?

예 □ 아니오 □

무숙장아찌

시험시간 : 25분

요구사항

※ 주어진 재료를 사용하여 다음과 같이 무숙장아찌를 만드시오.

① 무를 0.6cm×0.6cm×5cm 크기로 썰어서 무숙장아찌를 만드시오.

② 소고기 0.3cm×0.3cm×4cm 로 채 써시오.

③ 미나리는 4cm 길이로 써시오.

④ 완성품은 80g 이상 제출하시오.

수험자 유의사항

▷ 무의 크기는 일정하게 썬다.

▷ 조리된 무의 색깔이 지나치게 검어지지 않도록 한다.

▷ 각 재료의 볶는 순서에 유의하며 함께 볶아낸다.

▷ 조리작품 만드는 순서는 틀리지 않게 하여야 한다.

▷ 숙련된 기능으로 맛을 내야하므로 조리 작업시 음식의 맛을 보지 않는다.

재료 및 분량

재료	분량
무(길이 6cm)	100g
미나리(줄기부분)	20g
소고기(살코기)	30g
대파(흰부분 4cm 정도)	1토막
마늘 중(깐 것)	1쪽
실고추	1g
진간장	50mℓ
백설탕	5g
깨소금	5g
식용유	30mℓ
참기름	5mℓ
검은후춧가루	1g

공통사항	
채점대상에서 제외되는 경우	▷ 가스렌지 화구 2개 이상 사용한 경우 ▷ 불을 사용하여 만든 조리작품이 작품특성에 벗어나는 정도로 타거나 익지 않은 것 ▷ 오작 : 요리의 형태를 다르게 만들거나 해당과제의 지급재료 이외의 재료를 사용한 경우 ▷ 미완성 : 문제의 요구사항대로 작품의 수량이 만들어지지 않은 경우, 요구작품 두 가지 중 한 가지 작품만 만들었을 경우, 주어진 시간 내에 완성하지 못한 경우

❖ 만드는 법

① 주어진 재료는 깨끗이 정리하고 파 · 마늘은 곱게 다진다.

② 무는 0.6cm×0.6cm×5cm 크기로 썰어서 간장에 절인다.

③ 미나리는 잎을 제거하고 줄기만 4cm 길이로 썰고, 실고추도 같은 크기로 썬다.

④ 소고기는 0.3cm×0.3cm×4cm 로 채 썰어 간장, 설탕, 다진파, 마늘, 깨소금, 참기름, 후춧가루로 양념한다.

⑤ 간장에 절인 무에 색이 들면 무를 건지고 간장 국물은 끓여 식으면 다시 무를 절인다.

⑥ 팬에 기름을 두르고 소고기를 볶다가 간장에 절인 무를 넣고 볶은 다음 미나리를 넣어 색이 변하지 않도록 볶는다.

⑦ 볶아진 무숙장아찌에 깨소금, 참기름, 실고추를 넣고 버무려 그릇에 담는다.

재료 ▲

무 썰기 ▲

무 간장절임 ▲

미나리 썰기 ▲

재료 볶기 ▲

❖ 조리순서

무 썰어 간장에 절이기 ➔ 미나리, 실고추 썰기 ➔ 소고기 채썰어 양념하기 ➔ 무 절인 간장물 끓여 다시 무에 부어 절이기 ➔ 소고기 볶기 ➔ 간장에 절인 무 볶기 ➔ 미나리 넣어 볶기 ➔ 깨소금, 참기름, 실고추 넣어 버무리기 ➔ 그릇담기

❖ Tip

▷ 무는 일정한 크기로 썰어 간장에 절여 농도가 연해지면 간장물을 끓여 식혀서 다시 부어야 색이 곱게 빨리 든다.

▷ 미나리는 너무 오래 볶으면 색이 곱지 않으며, 실고추도 색이 재료에 스며들지 않도록 마지막에 넣는다.

❖ 실습 후 확인 사항

▶ 무는 0.6cm×0.6cm×5cm 크기로 썰어서 간장에 절였는가?

예 □ 아니오 □

▶ 무는 간장에 절이고 다시 간장물을 끓여 부어 무의 색이 곱게 들었는가?

예 □ 아니오 □

▶ 소고기는 0.3cm×0.3cm×4cm 로 채썰어 간장, 설탕, 다진파, 마늘, 깨소금, 참기름, 후춧가루로 양념하였는가?

예 □ 아니오 □

▶ 미나리의 색이 변하지 않고 파릇하게 볶아졌는가?

예 □ 아니오 □

오이숙장아찌

시험시간 : 25분

요구사항

※ 주어진 재료를 사용하여 다음과 같이 오이숙장아찌를 만드시오.

① 오이의 폭과 두께는 0.5cm×0.5cm×5cm 로 하시오.

② 소고기의 폭과 두께는 0.3cm×0.3cm×4cm 로 채 써시오.

③ 표고버섯의 폭은 0.3cm, 길이는 4cm 로 하시오.
(단, 지급된 재료의 크기에 가감한다.)

④ 완성된 오이숙장아찌는 50g이상을 제시하시오.

수험자 유의사항

▷ 오이와 소고기, 표고버섯은 각각 따로 조리하여 함께 무치는 방법으로 만든다.

▷ 조리된 오이의 색깔에 유의하여 무쳐진 상태가 깨끗하게 되도록 한다.

▷ 조리작품 만드는 순서는 틀리지 않게 하여야 한다.

▷ 숙련된 기능으로 맛을 내야하므로 조리 작업시 음식의 맛을 보지 않는다.

재료 및 분량

재료	분량
오이(가늘고 곧은 것 20cm 정도)	1/2개
소고기(살코기)	30g
건표고버섯 (지름 5cm 정도, 물에 불린 것)	1개
대파(흰 부분 4cm 정도)	1토막
마늘 중(깐 것)	1쪽
실고추	1g
진간장	20㎖
백설탕	5g
소금	5g
깨소금	5g
식용유	30㎖
참기름	5㎖
검은후춧가루	1g

공통사항

채점대상에서 제외되는 경우

▷ 가스렌지 화구 2개 이상 사용한 경우

▷ 불을 사용하여 만든 조리작품이 작품특성에 벗어나는 정도로 타거나 익지 않은 것

▷ 오작 : 요리의 형태를 다르게 만들거나 해당과제의 지급재료 이외의 재료를 사용한 경우

▷ 미완성 : 문제의 요구사항대로 작품의 수량이 만들어지지 않은 경우, 요구작품 두 가지 중 한 가지 작품만 만들었을 경우, 주어진 시간 내에 완성하지 못한 경우

❖ 만드는 법

① 주어진 재료는 깨끗이 정리하고 파 · 마늘은 곱게 다진다.

② 오이는 소금으로 주물러 씻은 후 가시를 제거하고 씨가 삼각형 모양으로 남도록 폭과 두께를 0.5cm×0.5cm×5cm 로 썰어 소금에 절였다가 면보에 싸서 물기를 제거한다.

③ 불린 표고버섯은 폭 0.3cm, 길이 4cm 로 채 썰어 간장, 설탕, 다진파, 마늘, 깨소금, 참기름, 후춧가루를 넣어 양념한다.

④ 소고기는 폭과 두께를 0.3cm×0.3cm×4cm 로 채 썰어 간장, 설탕, 다진파, 마늘, 깨소금, 참기름, 후춧가루를 넣어 양념한다.

⑤ 실고추는 3cm 길이로 자른다.

⑥ 팬에 기름을 두르고 절인 오이를 볶아 식힌다.

⑦ 양념한 표고버섯과 소고기를 볶는다.

⑧ 볶아낸 오이, 표고버섯, 소고기와 실고추, 깨소금, 참기름을 넣고 버무려 그릇에 담아 낸다.

재료 ▲

오이 썰기 ▲

오이 수분제거 ▲

오이 볶기 ▲

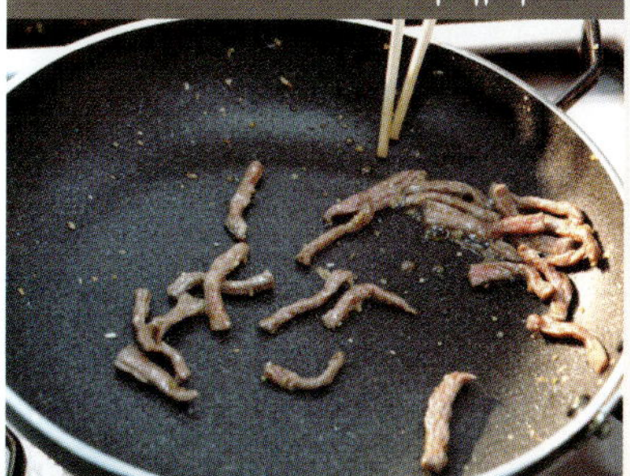
소고기 볶기 ▲

❖ 조리순서

오이 손질하여 소금물에 절이기 ➔ 표고버섯 채 썰어 양념 ➔ 소고기 채 썰어 양념 ➔ 실고추 자르기 ➔ 절인 오이 볶기 ➔ 표고버섯, 소고기 볶기 ➔ 실고추, 깨소금, 참기름으로 버무리기 ➔ 그릇담기

❖ Tip

▷ 오이는 씨가 삼각형 모양으로 남도록 크기에 맞게 썰어 소금물에 절여 멍이 들지 않도록 물기만 제거한다.

▷ 오이는 센 불에서 볶아야 물이 생기지 않고 색이 곱고 아삭거린다.

▷ 오이, 표고버섯, 소고기 순으로 볶는다.

❖ 실습 후 확인 사항

▶ 오이는 폭과 두께를 0.5cm×0.5cm×5cm 로 썰어 소금에 절였는가?

예 □ 아니오 □

▶ 소고기는 폭과 두께를 0.3cm×0.3cm×4cm 로 채 썰어 양념하였는가?

예 □ 아니오 □

▶ 오이는 센 불에서 볶아 색깔이 곱고 아삭 한가?

예 □ 아니오 □

보쌈김치

시험시간 : 35분

❖ 요구사항

※ 주어진 재료를 사용하여 다음과 같이 보쌈김치를 만드시오.

① 무, 배추는 나박 썰기(3cm×3cm×0.3cm 정도), 배, 밤은 편 썰기, 미나리, 갓, 파, 낙지는 길이(3cm 정도)로 썰고, 굴, 마늘채, 생강채와 함께 김치 속으로 사용하시오.

② 보쌈김치(지름 12cm, 높이 4cm 정도)는 재료를 쌌던 배춧잎의 끝을 바깥쪽으로 모양 있게 접어 넣어 내용물이 보이도록 하여 제출하시오.

③ 석이, 대추, 잣은 고명으로 사용한다.

④ 보쌈김치가 절반 정도 잠기도록 국물을 만들어 부으시오.

❖ 수험자 유의사항

▷ 내용물의 배합비율이 적절하게 되도록 한다.

▷ 김치 버무리는 순서와 양념의 분량에 유의하시오.

▷ 조리작품 만드는 순서는 틀리지 않게 하여야 한다.

▷ 숙련된 기능으로 맛을 내야하므로 조리 작업시 음식의 맛을 보지 않는다.

공통사항		
	채점대상에서 제외되는 경우	▷ 가스렌지 화구 2개 이상 사용한 경우 ▷ 불을 사용하여 만든 조리작품이 작품특성에 벗어나는 정도로 타거나 익지 않은 것 ▷ 오작 : 요리의 형태를 다르게 만들거나 해당과제의 지급재료 이외의 재료를 사용한 경우 ▷ 미완성 : 문제의 요구사항대로 작품의 수량이 만들어지지 않은 경우, 요구작품 두 가지 중 한 가지 작품만 만들었을 경우, 주어진 시간 내에 완성하지 못한 경우

❖ 재료 및 분량

재료	분량
절인 배추(500g 정도 지급)	1/6 포기
무(길이 3cm 이상)	50g
밤 중(생 것, 껍질 깐 것)	1개
배 중(30g 정도 지급)	1/10개
미나리(줄기부분)	30g
갓(적겨자 대체가능)	20g
실파	1뿌리
낙지다리(다리 2개 정도)	50g
생굴(껍질 벗긴 것)	20g
새우젓	20g
고춧가루	20g
마늘 중(깐 것)	2쪽
생강	5g
석이버섯(부서지지 않은 것, 마른 것)	5g
대추 중(마른 것)	1개
잣(깐 것)	5개
소금	5g

❖ 만드는 법

① 주어진 재료는 깨끗이 정리하고 마늘, 생강은 곱게 채 썬다.

② 절인배추는 잎을 따로 준비하고 배추 줄기는 3cm×3cm×0.3cm 로 썬다.

③ 무는 3cm×3cm×0.3cm 로 채 썰어 소금에 절이고 배도 같은 크기로 썰어 설탕물에 담근다.

④ 갓, 미나리, 실파는 3cm 로 썬다.

⑤ 대추는 돌려 깎기 하여 채 썰고 밤은 0.3cm 두께로 편 썰기 한다.

⑥ 석이버섯은 따뜻한 물에 불려 깨끗이 비비 씻어 돌돌 밀아 가늘게 채 썰고, 잣은 고깔을 뗀다.

⑦ 낙지는 소금으로 주물러 깨끗이 씻어 3cm 길이로 썰고 굴은 소금물에 씻어 체에 밭쳐 물기를 뺀다.

⑧ 고춧가루, 새우젓, 마늘채, 생강채를 넣고 섞어 양념을 만든다.

⑨ 배추 줄기와 무에 양념을 넣고 버무린 다음 갓, 미나리, 실파, 배, 밤을 넣고 버무린 후 낙지와 굴을 넣고 버무린다.

⑩ 오목한 그릇에 절인 배추잎이 공기의 바깥쪽에 겹쳐지도록 깔고 양념한 김치 속 재료를 소복하게 담아 배춧잎의 끝을 그릇 안쪽에 말아 넣는다.

⑪ 대추채, 석이버섯채, 잣을 고명으로 얹는다.

⑫ 김치 속을 버무린 그릇에 물과 소금을 넣고 김칫국을 만들어 보쌈김치 그릇에 붓는다.

재료 ▲

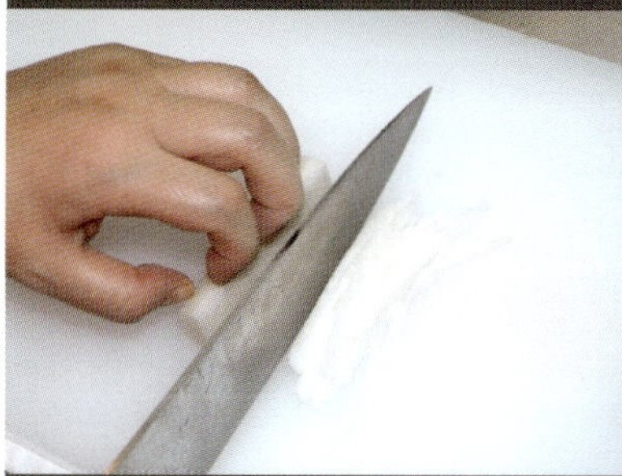
무채 썰기 ▲

대추, 석이 채썰기 ▲

김치소 만들기 ▲

그릇에 배추잎 깔기 ▲

❖ 조리순서

마늘, 생강 채썰기 ➔ 배추 줄기 썰기 ➔ 무 썰어 소금에 절이기 ➔ 배 썰어 설탕물에 담그기 ➔ 갓, 미나리, 실파 썰기 ➔ 대추 돌려 깎아 채썰기 ➔ 밤 편썰기 ➔ 석이버섯 채썰기, 잣 고깔 떼기 ➔ 낙지, 굴 소금물에 씻어 썰기 ➔ 고춧가루, 새우젓, 마늘채, 생강채 넣어 양념 ➔ 배추줄기, 무에 양념 버무리기 ➔ 갓, 미나리, 실파, 배, 밤, 낙지, 굴 넣고 버무리기 ➔ 그릇에 절인 배추잎 깔고 김치 속 담기 ➔ 대추채, 석이버섯채, 잣 고명 얹기 ➔ 김칫국 만들어 붓기

❖ Tip

▷ 절인배추는 잎과 줄기를 달리하여 사용한다.

▷ 굴은 연한 소금물에 손으로 흔들어 씻는다.

▷ 오목한 그릇에 배추잎을 겹치에 펴서 김치 속 재료을 소복하게 담고 배추잎을 바깥쪽으로 접어 넣어야 보쌈김치 모양이 예쁘다.

▷ 김치 속을 버무린 그릇에 물과 소금을 넣어 김칫국을 만든다.

❖ 실습 후 확인 사항

▶ 배추줄기, 무, 배는 3cm×3cm×0.3cm 로 썰었는가?

예 □ 아니오 □

▶ 갓, 미나리, 실파, 낙지는 3cm 로 썰었는가?

예 □ 아니오 □

▶ 그릇에 배춧잎을 돌려 담고 김치 속을 속복하게 담아 고명을 얹어 배추잎을 바깥쪽으로 말아서 정리하였는가?

예 □ 아니오 □

▶ 김치 속을 버무린 그릇에 물과 소금을 넣고 김칫국을 만들어 보쌈김치에 부었는가?

예 □ 아니오 □

오이 소박이

시험시간 : 20분

요구사항

※ 주어진 재료를 사용하여 다음과 같이 오이소박이를 만드시오.

① 소박이 완성품의 길이는 6cm 정도로 하시오.
(단, 지급된 재료의 크기에 따라 가감한다.)

② 소를 만들 때 부추의 길이는 0.5cm로 하시오.

③ 오이소박이는 3개 제출하시오.

재료 및 분량

재료	분량
오이 가늘고 곧은 것(20cm 정도)	1개
부추	20g
고춧가루	10g
대파(흰 부분 4cm 정도)	1토막
마늘 중(깐 것)	1쪽
생강	5g
소금	15g

수험자 유의사항

▷ 오이에 3~4 갈래로 칼집을 넣을 때 양쪽이 잘리지 않도록 한다.
(양쪽이 약 1cm 씩 남도록)

▷ 절여진 오이의 간과 소의 간을 맞춘다.

▷ 그릇에 묻은 양념을 이용하여 김칫국을 만들어 소박이 위에 붓는다.

▷ 조리작품 만드는 순서는 틀리지 않게 하여야 한다.

▷ 숙련된 기능으로 맛을 내야하므로 조리 작업시 음식의 맛을 보지 않는다.

공통사항	채점대상에서 제외되는 경우	
		▷ 가스렌지 화구 2개 이상 사용한 경우 ▷ 불을 사용하여 만든 조리작품이 작품특성에 벗어나는 정도로 타거나 익지 않은 것 ▷ 오작 : 요리의 형태를 다르게 만들거나 해당과제의 지급재료 이외의 재료를 사용한 경우 ▷ 미완성 : 문제의 요구사항대로 작품의 수량이 만들어지지 않은 경우, 요구작품 두 가지 중 한 가지 작품만 만들었을 경우, 주어진 시간 내에 완성하지 못한 경우

❖ 만드는 법

① 주어진 재료는 깨끗이 정리하고 파 · 마늘, 생강은 곱게 다진다.

② 오이는 소금으로 문질러 깨끗이 씻은 후 6cm 길이로 썰어 양끝을 1cm 남기고 열십자로 칼집을 넣어 소금물에 절인다.

③ 부추는 0.5cm 길이로 썬다.

④ 부추, 다진파, 마늘, 생강, 고춧가루, 소금, 물을 넣어 소를 만든다.

⑤ 절인 오이는 물기 제거하고 칼집 사이에 소를 채운다.

⑥ 그릇에 오이소박이를 담고 남은 양념에 소금과 물을 넣고 김칫국을 만들어 오이소박이 위에 끼얹어 낸다.

재료 ▲

오이 칼집 넣기 ▲

오이소금에 절이기 ▲

김치소 만들기 ▲

소 채워 넣기 ▲

❖ 조리순서

오이 칼집 넣어 소금물에 절이기 ➔ 부추 썰기 ➔ 김치소 만들기 ➔ 절인 오이에 소 채우기 ➔ 그릇에 담고 김칫국 만들어 끼얹어 내기

❖ Tip

▷ 오이를 빠른 시간에 절이도록 소금물의 농도를 진하게 한다.

▷ 절인오이에 소를 채울 때 위, 아래를 엄지와 검지로 잡고 눌러 틈 속으로 소를 넣어 채운다.

▷ 고춧가루는 미리 물에 불려 사용해야 색이 곱게 우러난다.

❖ 실습 후 확인 사항

▶ 오이는 6cm 길이로 썰어 양끝을 1cm 남기고 열십자로 칼집을 넣어 소금물에 절였는가?

예 □ 아니오 □

▶ 오이소박이를 담고 남은 양념에 소금과 물을 넣고 김칫국을 만들어 오이소박이 위에 끼얹었는가?

예 □ 아니오 □

▶ 오이소박이는 3개를 제출하였는가?

예 □ 아니오 □

화전

시험시간 : 20분

요구사항

※ 주어진 재료를 사용하여 다음과 같이 화전을 만드시오.

① 화전의 직경은 5cm, 두께는 0.4cm 로 만드시오.

② 시럽을 사용하고 화전 5개를 제출하시오.

수험자 유의사항

▷ 화전의 크기와 두께는 일정하게 한다.

▷ 꽃모양이 잘 붙어 있어야 한다.

▷ 조리작품 만드는 순서는 틀리지 않게 하여야 한다.

▷ 숙련된 기능으로 맛을 내야하므로 조리 작업시 음식의 맛을 보지 않는다.

재료 및 분량

재료	분량
젖은 찹쌀가루(방앗간에서 빻은 것)	100g
대추 중(마른 것)	1개
쑥갓	10g
소금	5g
백설탕	40g
식용유	10mℓ

공통사항

채점대상에서 제외되는 경우

▷ 가스렌지 화구 2개 이상 사용한 경우

▷ 불을 사용하여 만든 조리작품이 작품특성에 벗어나는 정도로 타거나 익지 않은 것

▷ 오작 : 요리의 형태를 다르게 만들거나 해당과제의 지급재료 이외의 재료를 사용한 경우

▷ 미완성 : 문제의 요구사항대로 작품의 수량이 만들어지지 않은 경우, 요구작품 두 가지 중 한 가지 작품만 만들었을 경우, 주어진 시간 내에 완성하지 못한 경우

❖ 만드는 법

① 주어진 재료는 깨끗이 손질하여 정리한다.

② 찹쌀가루는 소금을 넣고 뜨거운 물로 익반죽하여 끈기 있게 치댄 다음 젖은 면보에 싸놓는다.

③ 냄비에 설탕과 물을 동량으로 넣고 중불에서 젓지 않고 서서히 끓여 시럽양이 1/2정도 될 때까지 졸여 시럽을 만든다.

④ 대추는 돌려 깎아 돌돌 말아 꽃모양으로 얇게 썬다.

⑤ 쑥갓은 작은 잎으로 떼어 찬물에 담가 놓는다.

⑥ 화전 반죽을 직경 5cm, 두께 0.4cm 로 둥글납작하게 5개를 빚는다.

⑦ 팬에 기름을 두르고 약한 불에서 화전반죽을 지져 한 면이 익으면 뒤집어 익은 쪽에 대추와 쑥갓을 붙여 모양을 내어 지져 낸다.

⑧ 그릇에 화전을 담고 시럽을 끼얹어 낸다.

재료 ▲

찹쌀가루 체에 내리기 ▲

익반죽 ▲

고명 올리고 지지기 ▲

시럽 끼얹기 ▲

❖ 조리순서

화전 익반죽하기 ➔ 시럽 만들기 ➔ 대추, 쑥갓고명 준비하기 ➔ 화전 빚기 ➔ 팬에 지져 고명 얹기 ➔ 그릇에 담아 시럽 끼얹기

❖ Tip

▷ 화전반죽은 끓는 물로 익반죽해야 반죽이 갈라지지 않는다.
▷ 팬에서 너무 지나치게 익히면 모양이 늘어져 예쁘지 않다.
▷ 시럽은 물과 설탕을 동량으로 젓지 않고 끓여야 결정이 만들어 지지 않는다.

❖ 실습 후 확인 사항

▶ 찹쌀가루는 소금을 넣고 뜨거운 물로 익반죽했는가?
예 □ 아니오 □

▶ 대추는 돌려 깎아 꽃 모양을 만들고 쑥갓은 작은 잎을 떼어 고명으로 사용 하였는가?
예 □ 아니오 □

▶ 찹쌀반죽은 직경 5cm, 두께 0.4cm로 둥글납작하게 5개를 빚었는가?
예 □ 아니오 □

▶ 익은 면에 대추와 쑥갓의 고명을 예쁘게 올리고 시럽을 끼얹었는가?
예 □ 아니오 □

매작과

시험시간 : 30분

❖ 요구사항

※ 주어진 재료를 사용하여 다음과 같이 매작과를 만드시오.

① 매작과는 크기가 균일하게 2cm×5cm×0.3cm 정도로 만드시오.

② 매작과 모양은 중앙에 세군데 칼집을 넣으시오.

③ 시럽을 사용하고 잣가루를 뿌려 10개를 제출하시오.

❖ 재료 및 분량

재료	분량
밀가루(중력분)	50g
생강	10g
잣(깐 것)	5개
소금	5g
백설탕	40g
식용유	300㎖
A장 용지	1장

❖ 수험자 유의사항

▷ 밀가루 반죽상태에 유의한다.

▷ 매작과를 튀기기 할 때에 기름온도에 주의한다.

▷ 조리작품 만드는 순서는 틀리지 않게 하여야 한다.

▷ 숙련된 기능으로 맛을 내야하므로 조리 작업시 음식의 맛을 보지 않는다.

공통사항		
	채점대상에서 제외되는 경우	▷ 가스렌지 화구 2개 이상 사용한 경우 ▷ 불을 사용하여 만든 조리작품이 작품특성에 벗어나는 정도로 타거나 익지 않은 것 ▷ 오작 : 요리의 형태를 다르게 만들거나 해당과제의 지급재료 이외의 재료를 사용한 경우 ▷ 미완성 : 문제의 요구사항대로 작품의 수량이 만들어지지 않은 경우, 요구작품 두 가지 중 한 가지 작품만 만들었을 경우, 주어진 시간 내에 완성하지 못한 경우

❖ 만드는 법

① 주어진 재료는 깨끗이 정리하고 생강은 곱게 다져서 물을 넣고 생강즙을 만든다.

② 밀가루를 체에 내려 소금과 생강즙을 넣고 되직하게 반죽하여 젖은 면보에 싸둔다.

③ 잣은 고깔을 떼고 종이 위에서 곱게 다져 잣가루를 만든다.

④ 냄비에 설탕과 물을 동량으로 넣고 중불에서 젓지 않고 서서히 끓여 시럽양이 1/2정도 될 때까지 졸여 시럽을 만든다.

⑤ 반죽을 밀대로 밀어서 2cm×5cm×0.3cm 로 잘라 중심에 내 천(川)자 모양으로 칼집을 내고 맨 가운데로 한번만 뒤집는다.

⑥ 기름이 150℃의 온도가 되면 매작과를 넣어 노릇하게 튀긴다.

⑦ 시럽에 담갔다가 그릇에 담고 고명으로 잣가루를 뿌려낸다.

재료 ▲

밀가루 반죽 ▲

칼집 넣어 성형 ▲

튀기기 ▲

시럽바르기 ▲

❖ 조리순서

생강즙 내기 ➔ 밀가루 반죽하기 ➔ 잣가루 만들기 ➔ 시럽 만들기 ➔ 내 천(川)자로 칼집 넣기 ➔ 튀기기 ➔ 시럽에 담갔다가 그릇담기 ➔ 고명으로 잣가루 뿌리기

❖ Tip

▷ 매작과를 튀길 때 칼집 넣은 곳을 젓가락으로 잡아 주면서 튀긴다.

▷ 매작과는 기름 속에 있을 때 색보다 건져낸 후에 색이 더 진하므로 약간 옅을 때 꺼낸다.

▷ 매작과 반죽은 약간 되직하게 하고 너무 얇거나 두껍게 밀지 않는다.

▷ 시럽이 결정화 되지 않도록 농도가 알맞아야 한다.

❖ 실습 후 확인 사항

▶ 밀가루는 체에 내려 소금과 생강즙을 넣고 되직하게 반죽하였는가?

예 □ 아니오 □

▶ 시럽은 결정화 되지 않도록 농도를 알맞게 끓였는가?

예 □ 아니오 □

▶ 반죽은 2cm×5cm×0.3cm 로 모양을 내어 썰었는가?

예 □ 아니오 □

▶ 매작과는 적당한 색과 틈이 벌어지지 않게 튀겼는가?

예 □ 아니오 □

배숙

시험시간 : 30분

❖ 요구사항

※ 주어진 재료를 사용하여 다음과 같이 배숙을 만드시오.

① 배의 모양과 크기는 일정하게 하고 3쪽 이상을 만들고 등쪽에 통후추를 일정하게 박는다.(단, 지급된 배의 크기에 따라 완성품을 적당한 모양으로 만든다.)

② 국물은 생강과 설탕의 맛이 나도록 하고, 양은 200㎖ 정도로 한다.

③ 배가 국물에 떠 있는 농도로 한다.

❖ 재료 및 분량

재료	분량
배 중(150g 정도 지급)	1/4개
통후추	15개
생강	30g
황설탕	30g
잣(깐 것)	3개
백설탕	20g

❖ 수험자 유의사항

▷ 배숙의 모양과 크기는 일정하게 만들고 알맞게 익힌다.

▷ 조리작품 만드는 순서는 틀리지 않게 하여야 한다.

▷ 숙련된 기능으로 맛을 내야하므로 조리 작업시 음식의 맛을 보지 않는다.

공통사항

채점대상에서 제외되는 경우

▷ 가스렌지 화구 2개 이상 사용한 경우

▷ 불을 사용하여 만든 조리작품이 작품특성에 벗어나는 정도로 타거나 익지 않은 것

▷ 오작 : 요리의 형태를 다르게 만들거나 해당과제의 지급재료 이외의 재료를 사용한 경우

▷ 미완성 : 문제의 요구사항대로 작품의 수량이 만들어지지 않은 경우, 요구작품 두 가지 중 한 가지 작품만 만들었을 경우, 주어진 시간 내에 완성하지 못한 경우

❖ 만드는 법

① 주어진 재료는 깨끗이 정리하고 생강은 껍질을 벗긴다.

② 생강은 얇게 편을 썰어 3컵의 물을 붓고 중불에서 생강향이 우러나도록 끓여 면보에 걸러 놓는다.

③ 배는 껍질을 벗겨 3~4등분하여 씨가 있는 부분을 일직선으로 자르고 모서리를 둥글게 다듬는다.

④ 손질한 배의 등쪽에 젓가락을 사용하여 통후추를 일정한 간격으로 3개씩 깊숙이 박는다.

⑤ 생강물에 황설탕과 백설탕을 넣고 간과 색을 맞추고 배를 넣어 중불에서 배가 투명해질 때까지 끓인다.

⑥ 그릇에 배를 담고 한 컵 정도의 국물을 부어 고깔을 제거한 잣을 고명으로 띄어 낸다.

재료 ▲

생강물 끓이기 ▲

배 모서리 다듬기 ▲

통후추 박기 ▲

배 넣고 끓이기 ▲

❖ 조리순서

생강물 끓이기 ➔ 배 등분하여 모서리 다듬기 ➔ 통후추 박기 ➔ 생강물에 설탕과 배 넣어 끓이기 ➔ 배와 생강물을 담아 잣으로 고명 띄워내기

❖ Tip

▷ 통후추는 젓가락으로 깊게 박아야 끓일 때 빠지지 않는다.

▷ 뚜껑을 열고 끓여야 배의 과육이 투명하게 익는다.

▷ 생강물의 색과 양을 확인하고 배숙을 그릇에 담았을 때 배가 뜨면 당도가 알맞은 것이다.

❖ 실습 후 확인 사항

▶ 생강은 얇게 저며서 끓인 후 걸려주었는가?

예 □ 아니오 □

▶ 배 등쪽에 통후추는 일정한 간격으로 깊숙이 박았는가?

예 □ 아니오 □

▶ 배가 투명해질 때까지 중불에서 끓였는가?

예 □ 아니오 □

▶ 생강물에 색과 당도를 알맞게 맞추고 잣의 고깔을 제거하여 띄웠는가?

예 □ 아니오 □

1. 조리기능사 자격 정보

1) 응시절차 안내

❖ 원서접수

▷ **인터넷 접수(www. q-Net.or.kr)**

❖ 필기 원서 접수

▷ 필기 접수기간 내 수험원서 제출(인터넷)

▷ 사진(6개월 이내에 촬영한 반명함판 사진 파일 jpg), 수수료

❖ 수검사항 통보

▷ 수검일시와 장소 즉시 통보

▷ 수검표 기재사항과 접수창구 기재사항 동일여부 확인

❖ 필기시험

▷ 수검표, 신분증, 필기구(흑색 파인펜 등)지참

▷ 접수지역별 시험장에서 시행

❖ 합격자 발표

▷ 접수사무소 게시공고, ARS 자동응답안내(060-700-2009)

▷ 인터넷(www. q-Net.or.kr)

▷ 응시자격(기술사, 기능장, 산업기사, 전문 사무종목) : 합격예정자 발표일로부터 8일 이내 (단 공휴일 제외) 응시자격서류를 제출하여야 한다.

❖ 실기원서 접수

▷ 실기 접수기간(기능사: 3일, 기사:4일)내에 수험원서 제출(인터넷)

▷ 필기면제자만 수험원서 작성(당회 필기시험 합격자는 제외)

▷ 사진(6개월 이내에 촬영한 반명함판 사진 파일 jpg), 수수료

❖ 수험사항 통보

▷ 필답시험은 시험일자와 장소 즉시 통보

▷ 작업형은 시행 10일 전에 게시공고, 인터넷 및 ARS통보

❖ 실기시험

▷ 수험표, 신분증, 필기구, 수검자지참공구 준비

❖ 최종합격자 발표

▷ 접수한 사무소 게시공고, ARS 자동응답안내(060-700-2009)

❖ 자격증 교부

▷ 증명사진 1매, 수험표, 신분증, 수수료지참

2) 기능사 검정 시험의 필기 및 실기 합격기준

계열	자격등급	필기시험	실기시험
기능계	기능사	객관식 4지 택일형 100점 만점에 60점 이상	작업형 100점 만점에 60점 이상

3) 실기시험 접수안내

❖ 실기시험 원서 접수안내

▷ 접수기간 내에 인터넷을 이용 원서 접수
(사진을 등록 한 후 접수, 인터넷(www. q-Net.or.kr))

❖ 당회 필기시험 합격자 실기시험 접수 방법

▷ 필시시험 합격(예정)자 응시자격 서류 제출 및 심사

· 필기시험 접수지역과 관계없이 우리공단 지역본부 및 지사에서 응시자격 서류제출

· 기술자격 취득자(필기시험일 이전 취득자)중 동일 또는 하위 등급(기술사, 기능장, 기사, 산업기사에 한함)의 종목에 응시할 경우 응시자격 서류를 제출할 필요가 없음

❖ 실기시험 면제자 실기시험 접수 방법

▷ 대상자

· 이전 필기시험 합격자

· 필기시험이 면제되는 기능사 종목

· 국가 기술자격법 시행규칙 제18조 필기시험 면제 대상자

▷ 실기시험 접수방법

· 이전 필기시험 합격자, 필기시험이 면제되는 기능사 종목: 수험원서를 기재하여 접수

· 국가기술자격법 시행규칙 제18조 필기시험 면제 대상자: 공공기관은 해당 기관장이 확인한 서류 학원 등 기타 기관은 위탁 기관 및 해당 기관장이 확인(자세한 사항은 공단 지역본부 및 지사로 문의)

❖ 실기시험 수검일시 및 장소안내

▷ 접수시 수험자 본인 선택

4) 실기 시험 수험자 준비물 목록

순번	도구명	규 격	수 량
1	조리복	백색	1벌
2	모자	백색	1개
3	앞치마	백색	1개
4	칼	한식용	1개
5	가위	조리용	1개
6	계량컵	2ml	1개
7	계량스픈	15ml, 5ml	1세트
8	밀대	나무	1개
9	강판	플라스틱	1개
10	석쇠	조리용	1개
11	수저	스테인리스	1개
12	김발	20cm	1개
13	프라이팬	소형	1개
14	냄비	소형	1개
15	젓가락	소독저	1개
16	체	소형	1개
17	주걱	나무	1개
18	국자	스테인리스	1개
19	접시	중	1개
20	공기	소	1개
21	국대접	소	1개
22	행주	면	1개
23	면보자기	30×30cm	1개
24	산적꼬지	대나무	4개
25	키친타올	기름제거	5매
26	쿠킹호일	-	적량
27	비닐봉투	-	3장
28	검은 비닐봉투	쓰레기용	1장

5) 실기시험 유의사항

① 정해진 시간에 도착하여 등번호를 부여받고 본부요원의 주의사항을 숙지한다.

② 실기시험장 안에 들어가면 자신의 조리대를 찾아 조리도구 및 준비물을 배치한다.

③ 실기시험에 출제된 2가지 작품의 명칭과 제한시간을 확인한다.

④ 지급된 재료를 확인하고 부족한 재료는 보충, 불량한 재료는 교체를 요구한다.

⑤ 실기시험에 출제된 작품의 요구사항과 수검자 유의사항을 숙지한다.

⑥ 본부요원의 시작신호와 함께 조리를 시작한다.

⑦ 출제된 2가지 작품이 완성되면 수량 및 고명 등을 확인하고 완성접시에 담아 등번호와 함께 제출한다.

⑧ 작품을 제출 한 후에는 조리대 청소 및 쓰레기를 배출하고 조리 기구를 정리정돈한 후 본부요원의 지시에 따라 실기시험장에서 퇴실한다.

6) 실기시험 수험자 실격사유

① 제한 시간 내에 제출하지 못한 경우

② 조리가 끝난 음식이 익지 않은 경우

③ 출제된 작품에서 제시한 수량을 충족시키지 못한 경우

④ 2가지 작품 중 1가지만 제출한 경우

⑤ 지급된 재료 이외의 재료를 사용한 경우

⑥ 실기 시험장 안에서 책이나 노트를 보는 경우

⑦ 학원이나 집에서 준비해 온 재료를 사용하는 경우

7) 실기시험 채점 기준표

항목	세부항목	내 용	배점	비 고
위생상태	개인위생	조리복 착용 및 두발, 손톱상태	0~3	공통배점
	조리위생	재료와 조리기구의 위생적 취급	0~4	
조리기술	재료손질	재료다듬기 및 씻기	0~3	과제별배점
	조리조작	썰기, 볶기, 익히기등	0~27	
작품평가	작품의 맛	너무 싱겁거나 짜거나 맵지 않아야 한다. 반드시 익어야 한다.	0~6	
	작품의 색	너무 진하거나 태우지 않아야 한다.	0~5	
	그릇담기	전체적인 조화와 크기, 수량 확인을 한다.	0~4	
마무리	정리정돈	조리기구, 씽크대, 주위 청소상태	0~3	공통배점

8) 신규 자격증 교부안내

교부 안내 및 기간

▷ 인터넷 교부 및 방문 교부가능

· 교부기간 : 합격일로부터 60일 이내에 교부 받아야 한다.

· 인터넷 교부방법 : 인터넷 교부 신청시 원하는 장소에서 택배로 수령가능 및 방문 및 수령가능

· 방문교부 : 본인이 직접 방문 시는 본인 신분증, 대리인이 방문 시는 본인 신분증+대리인 신분증을 필히 지참 하여야 한다.
미성년자의 신분증으로 학생증을 지참할 경우 사진과 주민등록 번호가 모두 명시된 학생증에 한하며, 주민등록번호가 명시되어있지 않은 경우는 주민등록등본을 함께 지참하여야 한다.

· 방문 교부시 준비물 : 사진 1매, 수수료, 국가기술자격증 교부신청서(공단에서배부), 수험표(분실한 경우 제외)

· 교부장소 : 6개 지역본부 및 17개 지사

참고문헌

강인희, 한국의 맛, 대한교과서 주식회사, 1990

박지형, 한식조리 기능사 실기, 일진사, 2009

백승희 외4인, 한국조리, 백산출판사, 2010

이상정 외2인, 기초조리체계론, 수학사, 2007

임재창 외9인, 기본한국음식, 교문사, 2010

조창숙 외19인, 한국음식대관 제 2권 주식 · 양념 · 고명 · 찬물, 한림출판사, 1999

차경옥 외5인, 한국음식, 백산출판사, 2010

황해성 외2인, 한국의 전통음식, 2002

홍진숙 외4인, 기초한국음식, 교문사, 2007

저자약력

백 종 온

경기대학교 대학원 외식조리관리학과 외식조리전공 (관광학박사)

한국음식전략연구원 연구원

궁중음식연구원 궁중음식 및 병과 과정 수료

한식조리 산업기사

동의대학교 외식산업경영학과 겸임교수 역임

현) 한국산업인력관리공단 실기시험 감독위원

현) 창원문성대학 식품조리과 교수

박 경 태

순천대학교 대학원 식품영양학과 조리과학전공 (이학박사)

경기대학교 대학원 외식조리학과 외식조리전공 박사과정

대한민국 조리기능장

한국산업인력관리공단 실기시험 감독위원

현) (사) 한국조리학회 감사

현) 가야대학교 호텔조리영양학과 교수

한국음식의 첫걸음

한식조리기능사 실기 시험대비서

2012년 1월 12일 1판 1쇄 인쇄

2012년 1월 19일 1판 1쇄 발행

지은이 백 종 온 · 박 경 태

펴낸이 윤 용 호

펴낸곳 석학당 출판사

121-856 서울시 마포구 신수동 448-6

등록 : 2001. 10. 23. 제10-2238호

전화 : 02)719-6116

팩스 : 02)719-6120

Homepage : www.shdbooks.co.kr

E-mail : shd6116@chol.com

ISBN 978-89-93158-45-8 93590

정가 23,000원